A BIBLIOGRAPHY OF THE SEVEN WEEKS' WAR OF 1866

Stuart Sutherland

Helion & Company Ltd

Helion & Company Limited
26 Willow Road
Solihull
West Midlands
B91 1UE
England
Tel. 0121 705 3393
Fax 0121 711 4075
Email: info@helion.co.uk
Website: www.helion.co.uk

Published by Helion & Company 2010, in association with Iser Publications

Designed and typeset by Farr out Publications, Wokingham, Berkshire
Cover designed by Farr out Publications, Wokingham, Berkshire
Printed by Henry Ling Ltd, Dorchester, Dorset

© Stuart Sutherland 2001

ISBN 978-1-906033-64-4

British Library Cataloguing-in-Publication Data.
A catalogue record for this book is available from the British Library.

For details of other military history titles published by Helion & Company Limited
contact the above address, or visit our website: http://www.helion.co.uk.

We always welcome receiving book proposals from prospective authors.

Corrections and additions to this bibliography are welcomed c/o the publishers.

Contents

Introduction

Over time I have recorded printed sources touching on the conflicts of mid-19th-century Continental Europe, and with a view to presenting some to a wider audience I present this bibliography of the Seven Weeks' (also known as the Austro-Prussian) War of 1866. There are five sections, which with the exception of the last are ordered alphabetically by author, or title if there is no author. The first includes general histories or analyses of the war, the second works on specific campaigns or battles. The third is on biographies, journals and reminiscences of people present during the war. Fourth is a section on general reference works, subdivided into biographical and organizational sources; the first deals with figures present during the war. Last are the histories of the armies and navies of the states and their individual formations.

But this bibliography is by no means complete. I have not included periodical articles, except in the last section, where there are one or two pieces on state forces which are otherwise untreated. The periodical literature is vast and the periodicals often not readily accessible, and so it seemed best to limit the sources to books and doctoral dissertations. With respect to these, if the author's name is not on the title page I have included it where known and have given details of place and date of publication, adding information on editions. The vast majority of the works are in German and Italian, since those were the languages of the participants in the war, and I have also included accounts in French since there were a certain number of books in that language. Mindful of the fact that English-speaking readers may not be familiar with other tongues, I have given an English edition of a work if there is one rather than direct the reader to one in another language, and I have also listed works on the war in English.

Readers should be aware that the distinction between personal and general accounts and unit histories frequently blurs, and they are recommended to search all sections for a particular unit or action. In treating unit histories, I have tried to make it easier for someone to look for regiments in a specific campaign. In the Austrian section, [Italy] or [Bohemia] is added behind the titles, and in the Prussian section I have indicated units in the German theatre of war; otherwise they were in Bohemia. All other state forces served only in one theatre.

A note to this second edition. I have found more than one hundred additional works since compiling the first edition, published by Iser Publications, some of which have been made known to me by Duncan Rogers of Solihull, England. I am deeply grateful for his generous aid.

Stuart Sutherland

Section 1
General histories

F—— A——, *Die deutsche Bürgerkrieg im Jahre 1866* (Brunswick, 1866).

Album della guerra del 1866 (1st–2nd editions, Milan, 1867).

—— Alesovic, *Custoza und Lissa* (Lublin, 1867).

Wilhelm Alter, *Feldzugmeister Benedek und der Feldzug der k.k. Nordarmee, 1866* (Berlin, 1912).

N. J. Anders [Nathan Jakob], *Der Krieg von 1866 in Guckkasten* (Berlin, 1866). [A humorous look at the conflict.]

J. H. Anderson, *The Austro-Prussian war in Bohemia, 1866* (1st edition, London, 1908; 2nd edition, London, 1912). [Intended for students at the Staff College, Camberley, England.]

—— Angueril, *La guerre de 1866; ses causes; son but, etc.* (2 volumes, Paris, 1866).

Austria, General Staff, Military History Section, *Österreichs Kämpfe im Jahre 1866* (5 volumes, Vienna, 1867–69). [The official account. Appeared in French as *Les luttes d'Autriche en 1866*, translated by Franz Crousse (5 volumes in 6, Paris, 1868–1901).]

H—— von B——, *Der deutsche Krieg im Jahre 1866* (1st edition, Elbing, 1866; 3rd–4th editions, Elbing, 1867; 5th edition, Elbing, 1869).

Richard Baron, *Preussens Krieg gegen Oesterreich und dessen Verbündete im Jahre 1866* (Oppeln, 1866).

Enrico Barone, *Studi sulla condotta della guerra: 1866 in Boemia* (2 volumes in 1, Turin, 1900).

[Eduard Ritter Bartels von Bartberg], *Kritische Bemerkungen über die Feldzüge in Böhmen, Italien, Sudtirol und am Main* (1st edition, Leipzig, 1866; 2nd–3rd editions, Leipzig, 1867). [By a former Austrian officer struck from the pension list for his criticism of the official account of the 1859 war.]

———, *Kritische Beiträge zur Geschichte des Krieges im Jahre 1866* (Zurich, 1901).

Österreichs Kämpfe

im Jahre

1 8 6 6.

Nach Feldacten bearbeitet durch das k. k. Generalstabs-Bureau für Kriegs-geschichte.

Erster Band.

Mit Karten und Schlachtplänen.

Wien 1867.

Verlag des k. k. Generalstabes. In Commission bei C. Gerold's Sohn.

Druck von R. v. Waldheim

Title page to Volume 1 of the Austrian General Staff's account of the War (Collection of Duncan Rogers)

Bavaria, General Staff, *The contribution of the Royal Bavarian Army to the war of 1866*, translated by Stuart Sutherland (Toronto, 2001, new edition Solihull, 2010). [The official account. The original is *Antheil der königlich bayerischen Armee am Kriege des Jahres 1866* (Munich, 1868).]

Betrachtung über die Katastrophe von 1866 in Deutschland (Stendal, 1866).

Georg Billig, *Deutschlands verhängnisvolles Jahr 1866* (Dresden, 1867).

Heinrich Blankenburg, *Der deutsche Krieg von 1866* (Leipzig, 1868).

Emilio Bobbio, *Le guerre per l'unità germanica* (Bologna, 1939).

Julius Bonneken, *Kurze Geschichte des preussischen Feldzugs gegen Oesterreich und seine Verbündete* (Düsseldorf, 1866).

Adolph Borbstaedt, *Preußens Feldzüge gegen Österreich und seiner Verbündete im Jahre 1866 mit Berücksichtigung des Krieges in Italien* (1st–4th editions, Berlin, 1866; 5th edition, Berlin, 1867). [Appeared in French as *Campagnes de la Preusse contre l'Autriche et ses alliés en 1866*, translated by Furcy Raymond (with additions, Paris, 1868).]

Sandro Bortolloti, *La guerra del 1866* (Milan, [1941]). [A collection of documents.]

Der Bote vom Kriegsschauplatze. Ereignisse seit dem Gasteiner Vortrage und Kriegsereignisse in Deutschland und Italien (Leipzig, 1866).

M. V. Brett, *Précis of the campaigns of 1866 and 1870* (London, 1909). [Basic.]

Bulletin de la guerre. Exposé et plans des hostilités (Brussels, 1866).

Alexandre de Castarède, *Considérations sur la guerre de 1866* (Paris, 1866).

—— Chevalier, *La guerre et la crise européenne* (2nd edition, Paris, 1866).

Valentino Chiala, *La guerra austro-prussiana nel 1866: appunti* (Turin, 1880).

Richard Clarke, *The Seven Weeks' War* (Tonbridge, 1999).

[A. C.] Cooke, *Short sketch of the campaign of Austria of 1866* (London, 1867; reprinted Tonbridge, 1996).

[Enrico Cosenz], *Alcune osservazioni sulla campagna di Boemia tra prussiani e austro-sassoni nel 1866* (Florence, 1867). [By a senior Italian general.]

G. A. Craig, *The battle of Königgrätz* (1st edition, London, 1965; 2nd edition, Philadelphia, 1967; reprinted Westport, Connecticut, 1975). [Good, although showing its age. Relies fairly heavily on Friedjung {q.v.} and copies his maps.]

Custoza, Sadowa et Lissa. Documents sur la guerre de 1866. (Paris, 1866).

M. G. Freiherr Daublebsky von Sterneck, *Behelf für das Studium des Krieges 1866* (Vienna, 1902). [A chronological tabulation by a former Austrian general staff captain of the positions and strengths of the armies during the conflict.]

Der deutsche Bürgerkrieg im Jahre 1866 (Brunswick, 1866).

Der deutsche und italienische Krieg im Jahre 1866 (1st edition, Leipzig, 1866; 2nd edition, Leipzig, 1867).

Der deutsche Krieg von 1866 (Leipzig, 1866).

Der deutsche Krieg von 1866 und dessen Ursprung (Berlin, 1866).

Die deutschen Kriege von 1864, 1866 und 1870/71... (3 volumes, Berlin, 1889–91). [Volume 2 deals with 1866.]

Deutschland im Jahre 1866 neu gestaltet. Eine kurze übersichtliche Darstellung der Ursache und Ereignisse des Krieges bis zur Friedensschlusse am 23 Aug. 1866 (Berlin, 1866).

Edward Dicey, *The battle-fields of 1866* (London, 1866). [By a British tourist. Rather impressionistic.]

Moritz [G. A.] Freiherr von Ditfurth, *Benedek und die Taten und Schicksale der k.k. Nordarmee 1866* (3 volumes, Vienna, 1911). [By a former 10th Austrian Cuirassier Regiment lieutenant. Interesting for the personal reminiscences dotting it; came in for some criticism from Woinovich {q.v.}.]

Joseph von Dobay, *Der Krieg zwischen Oesterreich und Preussen im Jahre 1866 und der strategische Kritik desselben* (Pest, 1867–68).

Documents historiques sur la guerre de 1866, extraits du Moniteur universel (Paris, 1867). [Quite slight.]

M—— Dragomirow, *Abriss des österreichisch-preussischen Krieges im Jahre 1866* (Berlin, 1868).

———, *Skizzen des österreichisch-preussischen Krieges im Jahre 1866* (Berlin, 1868).

Johann Freiherr Dumreicher von Oesterreicher, *Zur Lazarethfrage. Erwiderung von prof. von Dumreicher an prof. von Langenbeck* (Vienna, 1867). [Essentially an argument involving two prominent physicians.]

L. S. Eden, *A lady's glimpse of the late war in Bohemia* (London, 1867). [Pro-Austrian; quite interesting descriptions.]

Entscheidung 1866. Der Krieg zwischen Österreich und Preussen, edited by Wolfgang von Groote and Ursula von Gersdorff (Stuttgart, 1966). [Useful brief essays on aspects of diplomacy and the war.]

T. W. Evans, *Sanitary institutions during the Austro-Prussian-Italian conflict* (3rd edition, Paris, 1868).

Charles Fay, *Étude sur la guerre d'Allemagne de 1866* (Paris, 1866).

Der Feldzug der Nordarmee und ihrer Kämpfe von 23. Juni bis 22. Juli 1866 (1st–12th editions, Vienna, 1866).

Gerd Fesser, *1866. Königgrätz-Sadowa* (Berlin, 1994).

———, *Der Weg nach Königgrätz: 1866* (Berlin, 1978).

[Friedrich von Fischer], *Die österreichischen Feldzugsgeschichte des Jahres 1866 und die Kritik des "Militärischen Blätter"* (2 volumes, Vienna, 1869). [A reply to a criticism of the official Austrian account of the war, by its general editor.]

F. L. Fischer, *Abriss der preussischen Krieges gegen Oesterreich und dessen Bundesgenossen im Jahre 1866* ([Langensalza?], 1867).

G—— Fischer, *Militärärztliche Studien aus Suddeutschland und Böhmen. Ein Bericht an den eidengenöss. Militairdepartment* (Aarau, 1867). [A report by a Swiss doctor.]

Brix Förster, *Militärisch-statistische Notizen zum Studien des Feldzugs von 1866 in Böhmen und Mähren* (Munich, 1867). [Not up to date, but a reasonable contemporary source.]

[Theodor] Fontane, *Der deutsche Krieg von 1866* (2 volumes, 2nd edition, Berlin, 1871; reprinted in 3 volumes, Munich, 1971; reprinted in 2 volumes, Düsseldorf and Cologne, 1979). [One of the best anecdotal and most colourful accounts of the war in Germany and Austria by one of the premier German authors of the 19th Century. Doubly valuable because it cites many contemporary letters and sources.]

Emil Franzel, *1866. Il mondo casca. Das Ende des alten Europas* (2 volumes, Vienna and Munich, 1968). [A useful short study which uses the major contemporary accounts. Volume 2 covers the war.]

Decorative cover to the paperbound edition of Fontane's
history of the War (Collection of Duncan Rogers)

Werner Frauendienst, *Das Jahr 1866. Preussens Sieg die Vorstufe des deutschen Reiches* (2nd edition, Göttingen, [1967]).

D—— Fricke, *Aus dem Feldzuge 1866. Briefe aus dem Felde und Predigten und Reden im Felde* (Leipzig, 1891).

Heinrich Friedjung, *Der Kampf um die Vorherrschaft in Deutschland 1859 bis 1866* (2 volumes, 1st edition, Stuttgart, 1897; 3rd edition, Stuttgart, 1899; 10th edition, Stuttgart, 1915). [The classic Austrian work on the causes and course of the war. The 1935 English translation nearly completely eliminated the military material and so is not included.]

Ernst Fürste, *Der Preussen Krieg und Sieg im Jahre 1866* (1st–13th editions, Magdeburg, 1866–69).

R[ichard] Gelich, *Briefe eines alten Soldaten über den Krieg im Norden und der k.k. österreichische, die k. preussische und die k. italienische Armee* (Vienna, 1867). [By a former Austrian soldier and Hungarian rebel. Important and influential in its remarks and recommendations.]

Geschichte der preußischen Invasion und Okkupation in Böhmen im Jahre 1866 (Prague, 1867). [On Prussian damages and forced contributions in Austrian towns; rather angry.]

Giuseppe Ghio, *La guerra dell'anno 1866 in Germania ed in Italia: storia politico e militare* (Florence, 1887).

A. D. Gillespie-Anderson, *The strategy of the Seven Weeks' War of 1866* (London, 1902; reprinted Solihull, 2000). [Mostly based on the journals of Blumenthal {q.v.}.]

George Gladstone, *The chaplain in the field of war* (London, 1870).

[G. E. F. von Glasenapp], *Preussens Feldzug vom militärischen standpunkt* (1st–3rd editions, Berlin, 1866).

La guerra di 1866: scheda storica di Sergio Bertolissi; ricerca e scelta dei documenti di Alessandro Piccioni (Florence, 1971).

La guerra italo-prussiana nel 1866 contro l'Austria (Venice, 1871).

E. B. Hamley, *A review of the Continental war* (London, 1866).

Karl Harbauer, *Trautenau–Custozza–Lissa 1866* (2 parts in 1, Vienna and Leipzig, 1906).

Karl Hartenstein, *Illustrirte Gedenkbuch der Kriegsereignisse des Jahres 1866* (Lobau, 1867–68).

Ludwig Hauff, *Die Geschichte des Kriege von 1866 in Mittel-Europa. Ihre Ursache und ihrere Folgen* (Munich, 1866–67).

Heeresgeschichtliches Museum, Vienna, Militärwissenschaftliches Institut, *Gedenkschrift herausgegeben aus Anlaß einer Sonderausstellung über den Krieg vor hundert Jahren* (Vienna, 1966). [Catalogue, with brief essays on various aspects of the conflict.]

Heldenthaten, Anekdoten und Charakterzügen aus dem glorreichen Kriege der Preussen gegen Österreich ... im Jahre 1866 (Pyritz, 1866).

L—— Herbert, *1866 oder Custoza und Königgrätz* (3 volumes, Vienna, 1867). [Appeared in Italian as *1866 ovvero Custoza e Sadowa*, translated by F—— Muzzi (Milan, 1870).]

Friedrich von der Heydt, *Preussens Krieg und Sieg im Jahre 1866* (1st–3rd editions, Elberfeld, 1866).

Historique complète et anecdotique des événéments militaires et historiques accomplis en Allemagne et en Italie (Paris, 1867).

N—— Hocker, *Geschichte der deutschen Krieges im Jahre 1866* (Cologne, 1866–67).

Friedrich Hoffmann, *Preussens Krieg für Deutschlands Einheit* (1st edition, Berlin, 1866; 2nd edition, Berlin, 1868).

Ernst Horst and Wilhelm von Pelchzrim, *Der Feldzug von 1866* (Dresden, 1868).

H. M. Hozier, *The Seven Weeks War. Its antecedents and its incidents* (2 volumes, 1st edition, London, 1867; 2nd edition, London and New York, 1871; 3rd edition, London, 1872; 4th edition, London, 1907; 5th edition, London, 1908). [By a British officer with the Prussian armies in Bohemia; considered one of the better contemporary sources in English for this campaign. Very weak otherwise.]

Illustrirte Kriegs-Chronik. Gedenkbuch an den Feldzug von 1866 in Deutschland und Italien (1st–2nd editions, Leipzig, 1867).

Italy, General Staff, Historical Section, *La campagna del 1866 in Italia* (2 volumes, Rome, 1875–95). [The official account. Volume 1 covers from preparations for war to the end of Custoza, volume 2 the rest of the conflict. There is also a *Complemento alla storia della campagna del 1866 in Italia* (2 volumes, 1st edition, Rome, 1905; 2nd edition, Rome, 1909), with source material. A French translation of the first two volumes is *La campagne de 1866 en Italie* (3 parts, Paris, [1897]].

Hand-coloured plate from Hartenstein's *Gedenkbuch* showing Prussian
troops entering Leipzig 18 June 1866 (Collection of Duncan Rogers)

LA

CAMPAGNE DE 1866

EN ITALIE

RÉDIGÉE

Par la Section Historique de l'État-Major italien

—

TOME Iᵉʳ

PARIS

HENRI CHARLES-LAVAUZELLE

Éditeur militaire

11, PLACE SAINT-ANDRÉ-DES-ARTS, 11

—

(Même maison à Limoges.)

Title page to Volume 1 of the French edition of the Italian General
Staff's account of the War (Collection of Duncan Rogers)

G. W. Jahn, *Der deutsche Krieg und Preussens Sieg im Jahre 1866, dem Volk erzählt* (3rd edition, Halle, 1867).

Otto Kanngieser, *Geschichte des Krieges vom 1866* (2 volumes, Basel, 1892).

Carl von Kessel, *Der Krieg Preussens gegen Oesterreich und seiner Verbündeten, und der Krieg in Italien im Jahre 1866* (1st–5th editions, Berlin, 1866).

H. L. Kirkpatrick, "Bismarck's insurrectionist projects during the Austro-Prussian War, 1866," (PhD. dissertation, University of California at Berkeley, 1962).

Markus Kist, *Die deutschen Jesuiten auf den Schlachtfeldern und in den Lazaretten 1866 und 1870/71* (Freiburg im Breisgau, 1904).

Kriegs-Calendar des Sommerfeldzuges der Preußen gegen Oesterreich und dessen Verbündete im Jahre 1866 (2nd edition, Brunswick, 1867).

Die Kriegsbegebenheiten des Jahres 1866 in Deutschland und Italien (1st–2nd editions, Berlin, 1867).

Der Krieg von Jahre 1866. Bemerkungen über der Feldzug in Böhmen, Italien und am Main (Leipzig, 1866).

Roland Krug von Nidda, *1866–Königgrätz. Zwei Auffassungen von Deutschland* (Vienna and Munich, 1966).

Kurze Beschreibung des Brüderkrieges in Deutschland im Jahre 1866 mit der Schlachten Königgrätz, Langensalza, Kissingen, Aschaffenburg, Tauberbischofsheim und Würzburg (Reutlingen, 1866).

J. P. de Labeaudorière, *La campagne de 1866* (Paris, [1902]).

Edouard de La Bedollière, *Historique complète de la guerre d'Allemagne et d'Italie* (Paris, 1866).

[Giovanni] La Cecilia, *Storia della guerra italo-prussiana contro l'impero d'Austria nel 1866* (Naples, 1867–68).

Bernhard [R. K.] von Langenbeck, *Die preußische Lazarettpflege in Böhmen* (Berlin, 1867).

Ferdinand Lecomte, *Guerre de la Preusse et de l'Italie contre l'Autriche et la confédération germanique en 1866* (2 volumes, Paris, 1868). [By a Swiss officer who had fought in the American Civil War; very critical of Moltke's strategy.]

[H.] Oscar von Lettow-Vorbeck, *Geschichte des Kriegs von 1866 in Deutschland* (3 volumes, Berlin, 1896–1902). [The best-balanced and most judicious German work. Volume 1 deals with preparations for war and the Langensalza campaign, volume 2 with the Bohemian campaign, volume 3 with the Main campaign. Numerous appendices with supporting documents.]

Franz Lubojatzky, *Deutschlands Kriegsereignisse im Jahre 1866* (Dresden, 1867).

[J. G.] Lüdde, *Gedenkblätter des deutsches Krieges im Sommer 1866* (Berlin, 1866).

T. M. Maguire, *The campaign in Bohemia 1866* (London, 1908). [Quite brief.]

———, *Notes on the Austro-Prussian war of 1866* (1st edition, London, 1904; 3rd edition, London, 1907).

T. M. Maguire and F. W. von Herbert, *The campaign between the Prussians and the Austrians in 1866* (1st–2nd editions, London, 1897; reprinted as *Notes on the campaign between Prussia and Austria in 1866* (Solihull, 2001)). [A very technical summary.]

Neill Malcolm, *Bohemia, 1866* (London, 1912). [Short but useful.]

Sir Alexander Malet, *The overthrow of the Germanic Confederation by Prussia in 1866* (London, 1870). [By the British ambassador to the Confederation. Mostly for the political events.]

Carlo Mariani, *Storia della guerra del 1866 in Germania* (Milan, 1868).

Wolfgang Menzel, *Der deutsche Krieg im Jahre 1866...* (2 volumes in 1, 1st edition, Graz, 1866; 2 volumes, 2nd edition, Stuttgart, 1867).

Paul Myrdacz, *Sanitäts-Geschichte des Feldzüge von 1864 und 1866 in Dänemark, Böhmen und Italien* (Vienna, 1897).

[Hermann] Nabbat and Johs. Lemcke, *Die Sieges-Strasse der Preussen im Jahre 1866 durch Böhmen, Mähren, Oesterreich und Ungarn. Ansichten der vorzüglichsten Hauptquartiere und Panoramen der Schlachtfelder* (3 volumes, Berlin, 1868). [Lithographs with text.]

Die neueste Kriegs-Ereignisse in Deutschland und Italien. Die Schlacht bei Custozza zwischen Oesterreichern und Italienern und der Kampf bei Langensalza zwischen Preußen und Hannoveranen (Oldenburg, [1866]).

Gustav Neuhaus, *Geschichte des deutsches Krieg der Jahre 1866 und seiner Folgen* (Leipzig, 1867).

Geschichte

des

Krieges von 1866

in

Deutschland.

Von

Oscar von Lettow-Vorbeck,
Oberst a. D.

Erster Band.

Gastein — Langensalza.

EMS

Mit 1 Uebersichts- und Operationskarte, 8 Skizzen und 1 Gefechtsplan.

Berlin 1896.
Ernst Siegfried Mittler und Sohn
Königliche Hofbuchhandlung
Kochstraße 68—71.

Title page to Volume 1 of Lettow-Vorbeck's *Meisterwerk* concerning the War of 1866 (Collection of Duncan Rogers)

[Johann Nosinich], *Rückblicke auf den Krieg 1866* (Vienna, 1868). [By an Austrian general staff captain; quite important.]

Th[eodor] von Pelzschrim, *Preussische Kriegsthaten 1866* (Berlin, 1867).

Wilhelm Petsch, *Der Krieg Preussens gegen Oesterreich und dessen Verbündete 1866* (Berlin, 1866).

Giuseppe Pira, *Custoza e Lissa, riguardate sotto altri aspetto* (Naples, 1867).

Livio Pivano, *Considerazioni sul 1866* (Turin, 1968).

Praktische Rückblicke auf den Feldzug von 1866 (Berlin, 1870).

Précis de la guerre de 1866 en Allemagne et en Italie (Brussels, 1886).

Preussens Feldzuge 1866 vom militärischen Standpunkt (3rd edition, Berlin, 1866).

Preussens grosse Errungenschaften in den blutigen Tagen des Jahres 1866. Ein Zusammenstellung sämmtlicher Kriegsbegebenheiten in Holstein, Böhmen, Bayern, Sachsen, Hannover, Frankfurt a.M. u.s.w. (1st–2nd editions, Berlin, 1866).

Preussens Krieg und Sieg 1866. Ein Gedenk-Album in 50 Photographien (Weissensee, 1866).

Preussens und seiner Verbündeten glorreiche Siege 1866 (Berlin, 1866). [Plates with descriptive text.]

Preussische Sieges-Chronik 1866 und feierlicher Einzug der Sieger in Berlin am 20. und 21. September (Berlin, 1866).

La Prussia, l'Austria e la Confederazione Germanica, prima del 1866 (Turin, 1873).

Prussia, Great General Staff, Military History Section, *The campaign of 1866 in Germany*, translated by [C. H.] von Wright and H. M. Hozier (London, 1872; reprinted London, 1907, and Nashville, Tennessee, 1994). [The official account. The last edition omits the maps.]

The Prussian campaign of 1866, translated by H. A. Ouvry (London, 1870).

Friedrich Regensberg, *1866* (4 volumes in 2, Stuttgart, [1906–9]).

Eduard Reiche, *Der deutsche Krieg 1866* (Wittenberg, 1866).

C—— Rénemont, *Campagne de 1866. Étude militaire* (Paris, 1900–3).

One of the many fairly primitive engravings from Lubojatzky's *Deutschlands Kriegsereignisse im Jahre 1866*, this one showing the Crown Prince of Saxony (Collection of Duncan Rogers)

Ch.[–M.] Romagny, *Campagnes d'un siècle: 1866* (Paris, 1892).

[F.] Wilhelm Rüstow, *Der Krieg von 1866 in Deutschland und Italien, politisch-militärisch beschrieben* (1st–5th editions, Zurich, 1866). [By an influential military writer; quite good. Appeared in Italian as *La guerra del 1866 in Germania ed in Italia: descrizione storica e militare*, translated by Giuseppe Bizzozero (Milan, 1866), and in French as *La guerre de 1866 en Germanie et Italie: description historique et militaire* (4 volumes, Geneva, 1866).]

C. A. Sapherson, *The Seven Weeks' War, 1866* (London, 1988). [Brief and basic.]

Saxony, General Staff, *The contribution of the Royal Saxon Army Corps to the campaign of 1866 in Austria*, translated by Stuart Sutherland (with additions, Toronto, 2001). [The official account. The original is *Der Antheil des königlich sächsischen Armeekorps am Feldzuge 1866 in Österreich* (1st–2nd editions, Dresden, 1869; 3rd edition, Dresden, 1870).]

Edoardo Scala, *La guerra del 1866 per l'unita d'Italia* (Rome, [1929]).

———, *La guerra del 1866 ed altri scritti* (Rome, 1981).

C. H. Schauenburg, *Erinnerungen aus den preussischen Kriegslazarethleben von 1866* (Altona, 1869).

Wilhelm Schüssler, *Königgrätz 1866. Bismarcks tragische Trennung mit Österreich* (Munich, [1958]).

Laurent Schwartz, *Examen critique des opérations militaires pendant la guerre en Allemagne et Italie* (Paris, 1874).

Pietro Silva, *L'Italia e la guerra di 1866* (Milan, 1915).

Skizzen aus der Feldzuge von 1866 (2nd edition, Potsdam, 1868).

N. J. Smith, *The armies of 1866* (Manchester, 1994).

———, *The campaign of 1866* (Manchester, 1995). [Both quite basic.]

Carl Stangen, *Der Feldzugs Preussens gegen Oesterreich und dem deutscher Bundes....* (Waldenburg, 1866).

Fritz Stüber, *Die deutsche Brüderkrieg 1866....* (Vienna, 1966).

[Paul Bronsart von Schellendorf], *Taktische Rückblicke auf 1866* (1st edition, Berlin, 1869; 4th edition, Berlin, 1873). [1st edition appeared in Italian as *Sguardo tattico retrospettivo al 1866* (Florence, 1869). By a Prussian general staff captain who later became war minister.]

Die tapferen Preussen, ihr Heldenmuth u. ihre Siege in den blütigen Kämpfen im Böhmen-Lande gegen Oesterreichs unter Feldzugmeister Benedek fechtenden große Nord-Armee (1st edition, Breslau, 1866; 12th–14th editions, Breslau, 1866/67).

Toilow [F. K. Count Folliott de Crenneville], *Die österreichische Nordarmee und ihre Führer im Jahre 1866* (Vienna and Leipzig, 1906). [By the nephew of the senior adjutant general of the Austrian army in 1866, a decided opponent of Ludwig von Benedek.]

Luigi Tomeucci, *La terza guerra d'independenzia* (2nd edition, Bologna, 1965).

A[ugust] Trinius, *Geschichte des Krieges gegen Östreich 1866* (2nd edition, Berlin, [1891]). [Unashamedly pro-Prussian.]

W—— von Trützschler, *Darstellung der deutschen Verhältnisse 1866* (Dresden, 1866).

Über der Thätigkeit und Verwendung der Cavallerie im Feldzüge am Böhmen und am Main (Berlin, 1870).

R. F. Uniacke, *The Bohemian campaign of 1866* (London, 1914).

[Louis] Vandevelde, *La guerre de 1866* (Paris, 1869).

Felice Venosta, *Custoza e Lissa: fatti della guerra italiana del 1866 racolti ed ordinati* (1st–2nd editions, Milan, 1866; 3rd edition, Milan, 1870).

[Agostino Verona], *La guerra del 1866, schizzo storico-politico-militare* (Como, 1867).

[H.-M.-J.-C.] Vidal de la Blache, *Les causes de la défaite de l'Autriche en 1866* (Paris, 1909). [Uses Friedjung {q.v.} as its basis.]

Albert Voigt, *Der deutsche Krieg 1866 nach officiösen Quellen für das Volk beartbeitet* (2nd edition, Brunswick, 1867).

Wilhelm von Voss, *Illustrierte Geschichte der deutschen Einigungskriege 1864-1866* (Stuttgart and Berlin, [1915?]). [Patriotic, in the style of World War I.]

A. L. Wagner, *The campaign of Koniggrätz. A study of the Austro-Prussian conflict in the light of the American Civil War* (1st edition, Fort Leavenworth, Kansas, 1889; 2nd edition, Kansas City, Missouri, 1899; 1st edition reprinted Westport, Connecticut, 1972 and 1989). [Tends to overplay the American experience.]

——— Wallmann, *Der Feldzug Preussens gegen Oesterreich im Jahre 1866 und namentlich die entschiedene Schlacht bei Königgrätz* (Minden, 1866).

Adam Wandruszka, *Schicksaljahr 1866* (Graz, 1966). [Useful, although short.]

Geoffrey Wawro, *The Austro-Prussian War: Austria's war with Prussia and Italy in 1866* (Cambridge, 1996). [The most recent study in English, with many decided opinions.]

C[arl] von Winterfeld, *Geschichte der preussischen Feldzüge von 1866* (1st edition, Potsdam, 1867; 2nd edition, Berlin, 1870).

———, *Geschichte des preußischen glorreichen Kriege von 1866* (1st–24th editions, Potsdam, 1866–68).

———, *Vollständige Geschichte des preussischen Krieges von 1866 gegen Oesterreich und dessen Bundesgenossen* (22nd edition, Berlin, 1867).

Frank Zimmer, *Bismarcks Kampf gegen Kaiser Franz Joseph. Königgrätz und seine Folgen* (Graz, 1996).

Wilhelm Zimmermann, *Illustrierte Kriegsgeschichte des Jahres 1866 für das deutsche Volk* (Stuttgart, 1866).

Accounts of particular campaigns and battles

The Hanoverian campaign

Karl Bleibtreu, *Langensalza und der Main-Feldzug* (1st edition, Stuttgart, [1906]; 2nd edition, Stuttgart, [1908]).

Henry Brackenbury, *The last campaigns of Hanover. A lecture delivered at the Royal United Services Institution* (London, 1871).

[Friedrich Cordemann], *Die hannoversche Armee und ihre Schicksale in und nach der Katastrophe von 1866*, edited by [Georg] Wolfram (Hanover and Leipzig, 1904). [An account by the former chief of the Hanoverian general staff. Not without its detractors, such as Thimme {q.v.}.]

C. F. A. B. Freiherr Cramm, *Aus Langensalza. Ein Erinnerungsblatt* (Dresden, 1867).

Hermann Gutbier, *Ein Gang über das Schlachtfeld des 27. Juni 1866* (Langensalza, 1930; reprinted 1991).

———, *Der Kampf bei Langensalza am 27. Juni 1866. Ein Gedenkbuch* (1st edition, Langensalza, 1891; 2nd edition, Langensalza, 1896).

Hanover, Army, General Staff, *Officieller Bericht über die Kriegsereignisse zwischen Hannover und Preussen im Juni 1866 und Relation der Schlacht bei Langensalza am Juni 27, 1866* (2 volumes in 1, Vienna, 1866–67). [The official account.]

Hannover's Schicksal vom Juni bis September 1866 (Hanover, 1866).

[Julius] Hartmann, *Hannovers Besetzung durch die Preussen im Jahre 1866 und die hannoversche Armee* (Hanover, 1866). [By a former Hanoverian officer.]

——— Hoffmann, *Erinnerungen an Langensalza aus dem Sommer 1866* (Hanover, 1867).

H—— Kehnert, *Die Kriegsereignisse des Jahres 1866 in Herzogthum Gotha und der gothaischen Turner zur Zeit des Treffens von Langensalza* (Gotha, 1899).

Onno Klopp, *Die Hannoveraner vor Eisenach am 24. Juni 1866* (Vienna, 1869). [On a minor aspect of the campaign by a former Hanoverian official who was strongly anti-Prussian.]

Geo[rg] Merckel, *Erinnerungen an Langensalza* (Hanover, 1867).

Klaus Pfeifer, *Die Bedeutung der Schlacht bei Langensalza am 27. Juni 1866. Gedenkschrift* (Langensalza, 1991).

B[ernhard] von Poten, *Die Mißlingen des Zuges der hannoversche Armee nach Süden im Juni 1866* (Berlin, 1904).

Preussens Krieg mit Hannover und die Schlacht bei Langensalza am 27. Juni 1866 (Celle, 1866). [Eyewitness accounts.]

Friedrich Regensberg, *Langensalza 1866 und das Ende des Königreichs Hannover* (2nd edition, Stuttgart, 1906).

Franz Reichenstein, *Die grosse Schlacht bei Langensalza* (Kassel, [1866]).

Die Schlacht bei Langensalza, ihre Ursachen und Folgen (Hanover, 1891).

Schlacht der 6,000 Man starken Preussen und Gothaer wider die 25,000 Mann starke hannoversche Armee ... am 27. Juni 1866 (Bleicherode, [1866]). [Eyewitness accounts.]

Die Schreckenstage des Aufruhrs zu Celle am 18. und 19. Juli 1866 (Celle, [1866]).

[Heinrich Schwerdt], *Die Hannoveraner in Thüringen und die Schlacht bei Langensalza...* (1st edition, Langensalza, 1866; 2nd edition, Langensalza, 1906).

J—— von Scriba, *Die Operationen der Hannoveraner und Preussen und die Schlacht bei Langensalza im Juni 1866* (Basel, 1873).

Carl von Seebach, *Offenes Sendschreiben an Onno Klopp über die Ereignisse vor der Schlacht von Langensalza* (Gotha, 1869).

A—— and R—— Sichart, *Der Feldzug Preußens gegen Hannover im Jahre 1866* (Hanover, 1901). [Includes a list of all Hanoverian officers in 1866.]

Der Sieg der Hannoveraner in der Schlacht bei Langensalza am 27. Juni 1866 (Celle, 1866). [Eyewitness accounts.]

H—— Strohmeyer, *Album von Langensalza* (Hanover, 1867).

Adolf Thimme, *Die hannoversche Heeresleistung im Feldzuge 1866. Eine kritische Beleuchtung der Erinnerungen der hannoverschen Generalstabschefs Oberst Cordemann* (Hanover, 1904).

Die Verhandlungen zwischen Preußen und Hannover im Jahre 1866 über den Abschluss eines Neutralitäts-Vertrages (Berlin, 1867).

Vollständige Liste der Todten und Verwundeten der hannoverschen Armee in dem Treffen bei Langensalza, 27. Juni 1866 (Celle, 1866).

Von Lüneburg bis Langensalza. Erinnerungen eines hannoverschen Infanteristen (Bremen, 1894).

[Friedrich] Freiherr von der Wengen, *Geschichte der Kriegsereignisse zwischen Preussen und Hannover* (Gotha, 1885). [Apart from Diebitsch {q.v.}, the best secondary study on the campaign, with numerous detailed appendices.]

———, *General Vogel von Falckenstein und der hannoversche Feldzug 1866* (Gotha, 1887). [Wengen's reply to criticism of the above work.]

W. J. Wyatt, *A political and military history of the Hanoverian and Italian war* (2 volumes, London, 1868). [By a former Austrian officer. Not very good. Volume 1 covers the Hanoverian campaign.]

The Bohemian-Moravian campaign

Heinrich August, *Ein Opfer von Königgrätz* (Leipzig, 1867).

H—— von B——, *Die Schlacht bei Königgrätz am 3. Juli 1866* (Elbing, 1867).

Bericht über das Treffen bei Trautenau am 27. Juni 1866 (Trautenau, 1866).

Karl Bleibtreu, *Königgrätz* (Stuttgart, [1903]). [By a well-known Prussian writer on military topics.]

H[enri] Bonnal, *Sadowa. A study*, translated by C. F. Atkinson (London, 1907). [One of the classic accounts, although dated. The original is *Sadowa, étude de stratégie et du tactique générale* (Paris, 1901).]

F. A. Bouvier and Johann Krainz, *Episoden aus der Kämpfen der k.k. Nordarmee, 1866* (1st edition, Graz, 1896; 2nd edition, Graz, 1897).

[E. O. J.] Brückner, *Die Feldartillerie im Bewegungskampf, dargestellt an dem Beispiel des Gefechts von Nachod am 27. Juni 1866 (V. preuß. gegen VI. österr. Armeekorps* (Berlin, 1909). [A school exercise.]

H. M. E. Brunker, *Story of the Königgrätz campaign of 1866* (Portsmouth, 1908).

H[ubert] Camon, *Campagne de 1866 en Bohème* (Paris, 1929).

A. C. Cooke, *Short sketch of the campaign in Austria in 1866* (London, 1866).

N.-J. Cornet, *Huit jours après Sadowa: souvenirs et impressions d'un voyage en Bohéme et à Francfort sur l'Oder après les batailles en juillet 1866* (Brussels, 1869).

Alfons Freiherr von Czibulka, *Zwischen Königgrätz und Nikolsburg* (Vienna, 1940).

Eduard Deutsch, *Die Preussen in Mähren. Erinnerungen* (Brünn, 1891).

[Wilhelm Du Nord], *Erinnerungen an die Tage des Unheils. Für die Kameraden gesammelt von einer Leidensgenossen* (Vienna, 1867). [By a captain of the general staff of North Army, written from a religious perspective.]

Jacques Duval de Fréjacques, *Un désastre prussien. Combat de Trautenau* (Paris, 1893).

H—— Eckart, *Vergleichung der 3 Generalstabsberichte über den böhmischen Feldzug im Jahre 1866* (Königsberg, 1870). [Relatively simple.]

Erinnerungsblätter aus dem Feldzuge im Böhmen und Mähren in Sommer 1866, edited by Prince Biron von Courland and A—— Hinsdorf (Gera, 1878). [Lithographs.]

F[ranz] Feltl, *Die Desinfektion des Königgrätzer Schlachtfeldes und der Feldlazarethe im Jahre 1866* (Teplitz, 1867).

[Richard Freiherr von Friesen], *Erinnerungen eines alten Reiter-Offiziers a.D. an der Schlacht von Königgrätz den 3.VII.1866* (Rötha, 1902). [By a former officer of the 1st Saxon Cavalry.]

Führer über das Schlachtfeld bei Königgrätz (Königgrätz, 1892).

Führer über das Schlachtfeld bei Königgrätz und das Gefechtsfeld bei Böhm. Skalitz-Nachod (no place, 1909).

Ernst Fürste, *Der Tag von Königgrätz* (Magdeburg, 1867).

G. J. R. Gluenicke, *The campaign in Bohemia, 1866* (London, 1907). [Acerbic in places, but worth reading.]

Heinrich Goldhammer, *Sadowa* (Berlin, 1869).

La guerra della Prussia nel 1866: descrizione degli avvenimente guerreschi nella Slesia, Boemia, Sassonia, ecc. (Milan, Florence and Venice, 18—).

B—— von H——, *Die Schlacht bei Königgrätz am 3. Juli 1866* (Elbing, 1867). [Official and eyewitness accounts.]

Samuel Hazai, *Applicatorische-taktische Aufgeben. Abgeleitet aus den Operationen und Gefechten an der Iser vom 23. bis 29. Juni 1866* (Budapest, 1899). [A school exercise.]

Ernst Heidrich, *Der Kampf um der "Svíbwald" am 3. Juli 1866...* (Sadová, 1902). [The best work on the topic, using regimental accounts and with helpful organizational tables at the rear.]

F.[mil] Herrmann, *Trautenau* (Laibach, 1904).

Maximilian von Hessen, *Das Verhältnis Bonins und seiner Generäle am Tage von Trautenau 1866* (Trautenau, 1898). [By a pan-German polemicist.]

G[eorg] Hiltl, *Der böhmische Krieg* (1st edition, Bielefeld and Leipzig, 1867; 3rd edition, Bielefeld and Leipzig, 1867; 4th edition, Bielefeld and Leipzig, 1874). [For its time, not bad.]

A—— Jahnel, *Chronik der preussischen Invasion des nördlichen Böhmens im Jahre 1866* (Reichenberg, 1867).

M[ax] Jähns, *Die Schlacht von Königgrätz zum zehnjährigen Gedenktage des Sieges* (Leipzig, 1876). [Written in a colourful and anecdotal style, but well done].

Jon Jakl, *The battle of Königgrätz, 1866*, translated by Duncan Rogers (Solihull, 2001).

Adolf John, *Die Tage von Trautenau* (Trautenau, [1866]).

[F.-F.-P.-L.-M.] Prince de Joinville, *Sadowa* (Brussels, 1868). [A German translation by W—— Bess is Hamburg, 1868.]

———, *Encore un mot sur Sadowa* (Brussels, 1868).

[Paul de] Katow, *Sadowa, y les Prussiens en campagne...* (Paris, 1867).

[Franz Freiherr Kuhn von Kuhnenfeld], *Der Krieg gegen Preußen im Jahre 1866 bis zur Schlacht von Königgrätz. Eine strategische Skizze* (Brünn, 1869). [By a noted Austrian general; critical of both sides, but more so of the Austrian.]

[H. H. B. M. von Kühne], *Kritische und unkritische Wanderungen über die Gefechtsfelder der preußischen Armeen in Böhmen 1866* (5 volumes in 1, Berlin, 1870–96). [By a Prussian staff officer on Trautenau, Nachod, Skalitz, Soor and Schweinschädel. Extremely useful and incisive; the best source for these actions from the Prussian side. An Italian translation of the section on Skalitz and

Schweinschädel is *Escursioni attraverso i campi di battaglia delle armate prussiano in Boemia nel 1866: i combattimenti presso Skalitz e Schweinscadel* (Milan, 1874).]

—— Lullier, *La verité sur la campagne de Bohême en 1866, ou les quatres fautes militaires des prussiens* (Paris, 1867). [By a French officer; critical of Moltke.]

Casimir Freiherr von Lütgendorf, *Applicatorische Besprechung der Tätigkeit des k.k. 10. Corps im Gefechte bei Trautenau am 27. Juni 1866* (2 parts in 1, Vienna, 1896). [A school exercise.]

Josef Macalik and Albert Langer, *Der Kampf um Gürtelfestungen. An einer zusammenhängliches Beispiel applicatorisch bearbeitet* (4 parts in 1, Vienna, 1901–4). [On Königgrätz and the actions around it; a school exercise.]

T. M. Maguire, *The campaign in Bohemia, 1866* (London, 1908).

F—— Miller, *Operations of the war in 1866. I. The invasion in Bohemia* (London, 1866).

Moltkes Feldzugs-Entwurf 1866 und der Lage Benedeks am 30. Juni und 1. Juli 1866. Kritisch beleuchtet von *** (Berlin, 1892).

Otto Moses, *Die Festung Königstein und ihre Umgebung.... In geschichtlichen Abriss* (Pirna, 1872) [Includes some material on the campaign.]

Willbald Müller, *Geschichte der königlichen Hauptstadt Olmütz* (Vienna and Olmütz, 1882). [Important for the diary of the mayor in 1866.]

Wilhelm Ortmann, *Jičin 1866* (Jičin, 1905).

———, *Nachod 1866* (Hohenelbe, 1905).

———, *Skalitz 1866* (Hohenelbe, 1905).

A—— Petermann, *Die Schlacht bei Königgrätz am 3. Juli 1866* (Gotha, 1866).

[Ferdinand von Pfeiler], *Soldatengraber. Eine Wanderung über die böhmischen Schlachtfelder des Jahres 1866* (Prague, 1891).

Arndt Preil, *Österreichs Schlachtfelder* (4 volumes, Graz, 1990–94). [Heavily illustrated. Volume 4 covers Nachod, Trautenau, Skalitz and Königgrätz.]

Barthold von Quistorp, *Der grosse Kavallerie-Kampf bei Střesetitz in der Schlacht von Königgrätz am 3. Juli 1866* (1st edition, Neiße, 1870; 2nd edition, Neiße, 1897). [The best work on this topic; by the chief of staff of the 3rd Division, 1st Prussian

Army. The text is extremely difficult to read because of the very large number of often very large footnotes. The 2nd edition reads *Der grosse Cavalerie-Kampf...*]

Friedrich Regensberg, *Gitschin 1866* (1st–4th editions, Stuttgart, 1906). [Part of volume 1 of *1866* {q.v.}.]

———, *Königgrätz. Ein Schlachtenbild* (1st–12th editions, Stuttgart, 1903).

———, *Letzte Kämpfe und Friedensschluss* (4th edition, Stuttgart, [1909]). [Part of volume 3 of *1866* {q.v.}.]

———, *Nachod-Wysokow* (1st 5th editions, Stuttgart, 1905).

———, *Trautenau 1866* (1st–3rd editions, Stuttgart, 1905).

———, *Von Dresden bis Münchengrätz* (1st–4th editions, Stuttgart, 1903). [Part of volume 1 of *1866* {q.v.}.]

———, *Von Skalitz bis Königgrätz* (1st–2nd editions, Stuttgart, 1906). [Part of volume 2 of *1866* {q.v.}.]

[R—— von Samonigg], *Das Gefecht von Skalitz am 28. Juni 1866 als Beitrag zur Geschichte des Kampfes um die Vorherrschaft in Deutschland* (Vienna, 1914).

Fritz Schirmer, *Das Treffen von Blumenau-Pressburg am 22. Juli 1866* (Vienna, 1904).

Die Schlacht bei Königgrätz am 3. Juli 1866 (Elbing, 1866).

Die Schlacht bei Königgrätz. Dargestellt von einem Militär (Berlin, 1866).

Die Schlachtfelder des Feldzuges 1866 in Böhmen in 55 photographischen Aufnahmen (Berlin, 1896).

Rich[ard] Schmitt, *Die Gefechte bei Trautenau am 27. und 28. Juni 1866* (Gotha, 1892).

[Emanuel Schuppanzigh von Frankenbach], *Die Nebel von Chlum. Militärisches Beiträge als Schlaglicht der offizielle österreichischen und preussischen Darstellungen der Feldzugs 1866* (3rd edition, Prague, 1868). [By the commander of the 13th Austrian Rifle Battalion, which fought in the Swiepwald.]

Der große Sieg der Preußen über die Österreicher in der Schlacht bei Königgrätz am 3. Juli 1866 (Celle, [1866]).

Elie Sorin, *La Prusse et la campagne de Sadowa* (Paris, 1872).

Rudolf Starck, *Der Stadt Zistersdorf in Oesterreich unter der Enns und die feindliche preussische Invasion im Jahre 1866* (Korneuburg, 1866).

[Eduard Ritter von Steinitz], *Die Donauverteidigung* (Vienna, 1907).

———, *Die Rückzug der Nordarmee vom Schlachtfeld des 3. Juli* (Vienna, 1907).

———, *Die kritische Tage von Olmütz im Juli 1866. Vom Eintreffen des Hauptquartiers der Nordarmee in Olmütz am 9. bis zum Abend des 15. Juli* (Vienna, 1902).

———, *Die letzte Operation der Nordarmee 1866. Vom 15. VII. bis zum Eintritt der Waffenruhe* (Vienna, 1905).

———, *Die österreichische Kavalleriekorps Holstein und das Vordringen der preußischen Hauptkraft gegen Wien* (Vienna, 1907).

[The above five works were assembled as *Von Königgrätz bis an die Donau. Darstellung der Operationen des österreich-preußischen Feldzuges 1866 nach der Schlacht von Königgrätz* (Vienna, 1907). They are written by an Austrian general staff officer who served in the campaign and have the most detailed information on these subjects.]

———, *Aus den Tagen vor Königgrätz* (Vienna, 1926).

Adolf Strobl, *Königgrätz. Kurze Darstellung der Schlacht am 3. Juli 1866* (Vienna, 1903).

———, *Trautenau. Kurze Darstellung des gleichnamigen Treffens am 27. Juni 1866...* (Vienna, 1901).

———, *Wysokow. Kurze Darstellung des gleichnamigen Treffens am 27. Juni 1866...* (Vienna, 1901).

Tactical and general instructions for the imperial-royal North Army issued in May 1866, (no place, c. 1900). [Useful only as an indication of the state of mind of Ludwig von Benedek at the start of the campaign. They were orginally reproduced in the military periodical *Österreichische Militärische Zeitschrift* (Vienna), 1866, and then printed separately as *Sammlung der Armee-Befehle und speciellen Anordnungen des k.k. FZM. Benedek, Commandanten der k.k. Nord-Armee* ([Vienna], 1866).]

C. A. Tobias, *Geschichte der preussischen Invasion in Zwittau und der südlichen Oberlausitz im Jahre 1866* (Zwittau, 1868). [On the experiences of southeastern Saxony under the Prussians.]

Alois Tippelt, *100 Jahre Königgrätz–Trautenau (100 Jahre Königgrätzer Tragödie 1866–1966)* (Kempten in Allgau, 1966).

[T. W. von Trotha], *Die österreichische Nordarmee, im Feldzug des Jahres 1866 vom Beginn der Feindseligkeiten bis zum Vorabend der Schlacht von Königgrätz* (Potsdam, 1876).

Othmar Tuider and Johannes Rüling, *Die Preussen in Niederösterreich 1866* (Vienna, 1966). [Short but helpful; by two members of the Austrian Heeresgeschichtliches Museum.]

Joseph Vilbort, *L'œuvre de M. de Bismarck, 1863–1866. Sadowa et la campagne de sept jours* (Paris, 1869) [appeared in German as *Das Werk des Herrn von Bismarck 1863–1866. Sadowa und der siebentägige Feldzug* (2 volumes, Berlin, 1870).]

—— Walker, *The battle of Königgrätz* ([London?], 1868).

—— Count von Wartensleben-Schwirsen, *Der Feldherr Benedek vertheidigt von einem preussischen Laien gegenüber der österreichische Presse* (Berlin, 1866).

Spenser Wilkinson, *Sadowa* (London, 1913).

C. H. Wilson, *The strategy of Sadowa* ([London?], 1914).

Zwei Monate preussisch. Ein Gedenkbuch der preussischen Invasion in Mähren in Jahre 1866 (1st–4th editions, Brünn, 1867).

The Italian campaign

Giovanni Acerbi, *Relazione dell'intendente generale del Corpo dei volontari italiani colonello G. Acerbi sulle operazione amministrative eseguito dall' intendenza generale di detto corpo durante la campangs del 1866* (Florence, 1867).

Vittorio Adami, *I nizzardi volontari con Garibaldi nel 1866* (Turin, 1921).

Francesco Albanese, *La guerra nel Tirolo; memorie storiche del 1866* (Bari, 1867).

Giovanni Alfieri, *Un' eroina alla battaglia di Custoza: Erminia Manelli* (2nd edition, Catania, 1911).

Angelo Bastici, *L'eco di Valsugana, brilliante episodio della divisione Medici in Tirolo nel 1866: lettera di un veterano ad un suo amico* (Crema, 1915). [A patriotic effusion for World War I.]

La battaglia di Bezzecca: seguito dei Volontari nel Tirolo (Rome, 1887).

Camillo Bernucci, *Il martire di Custoza: elogia* (Naples, 1866).

Giuseppe Bertelli, *Osservazioni militari nelle valli dell'Oglio e dell'Adda (1866)* (Rome, 1880).

E—— Bosisio, *Commenti sulla campagna di guerra del 1866 contro l'impero austriaco* (Siracusa, 1867).

Ascanio Branca, *La campagna dei volontari italiani nel Tirolo* (1st–2nd editions, Florence, 1866; 3rd edition, Florence, 1867).

Brescia, Ateneo, *Notizie e testimoniziane sulla campagna del 1866 nel Bresciano* (Brescia, 1867). [mostly documents.]

Angelo Bronzini, *Del fatto d'arme di Vezza d'Oglio, 4 luglio 1866* (Milan, 1962).

J. F. Burgoyne, *On the siege and capture of Borgoforte on the Po—June 1866* ([London?], 1867; reprinted Tonbridge, 1998). [By a noted British general of engineers.]

Aristide Caimi, *Giornale delle operazioni di guerra eseguito dalla legione di garda nazionale mobile a difesa dello Stelvio e Tonale nelle campagne del 1866* (Turin, 1868).

Pio Calza, *Nuova luce sugli eventi militari del 1866* (1st edition, Bologna, [1924]; 2nd edition, Bologna, 1937).

La campagna del 1866 in Italia (Turin and Florence, 1867).

La campagna del 1866 nei documenti militari austriaci: le operazioni navali, edited by Angelo Filipuzzi (Padua, 1968).

La campagna del 1866 nei documenti militari austriaci; le operazioni terrestri, edited by Angelo Filipuzzi (Padua, 1968).

La campagna del 1866 nel Trentino, edited by Ezio Massa (Trento, 1966).

L. A. Casati, *La battaglia di Custoza* (Florence, [1866?]).

Quinto Cenni, *Custoza, 1848-66: album storico, artistico, militare* (Milan, [1880]).

Cenni sulla campagna del 1866 di un ufficiale de terzo corpo d'armata dell' esercito italiano (Turin, 1867).

Luigi Chiala, *Cenni storici sui preliminari della guerra del 1866 e sulla battaglia di Custoza* (2 volumes in 4, Florence, 1870–73). [By a captain of Alfonso Ferrero Della Marmora's staff who became a noted writer; defends his actions.]

———, *Ancora un po' piu di luce sugli eventi politici e militari dell anno 1866* (Florence, 1902). [defends Della Marmora and his pamphlet {q.v.}.]

Ludwig von Cornaro, *Strategische Betrachtungen über der Feldzug 1866 in Italien* (Vienna, 1870). [By an Austrian general staff officer.]

Francesco Cortese, *Relazione della campagna combattuta dalle armi italiane nel 1866 riguardante lo stato sanitario dell' esercito* (Venice, 1867).

————, *Ulteriori ragguagli sulle perdite dell' esercito italiano nella campagna del 1866* (Milan, 1868).

[G. G.?] Corvetto, *La campagna del 1866 in Italia* (no place, no date).

Giuseppe [Da] Damos, *Gli ultimi anni di dominazione austriaca in Cadore e le bande armate venete nel 1866* (Como, 1911).

Franco Dani, *Un gran biuo; ancora su Custoza e sugli altri eventi militari del 1866* (Florence, 1966).

Bianca De Filippio, *I garibaldini a Monte Suello e a Bezzecca* (Milan, 1968).

[Ignazio De Genova di Pettinengo], *Relazione sui provedimenti dell'amministrazione della guerra dal 1° gennaio al 20 agosto del'anno 1866* (Florence, 1867). [The report by the Italian war minister.]

Giulio Del Bono, *Come arrivamo a Custoza e come ne ritornammo* (Milan, 1935).

Giudo De Mayo, *Leggendo Custoza: riflessioni sul' impiego della cavalleria* (Rome, 1911).

Demolizione eseguite dal genio austriaco nella guerra del 1866 (Casale, 1873).

Luigi Di Biosi, *Documenti su la campagna garibaldina del 1866: il generale Goiv. Nicotera* (no place, 1913).

Gino Di Caporacio, *1866—la liberazione del Friuli* (Rome, 1966).

Francesco Di Luigi, *Dopo la campagna: studio politico-militare* (Milan, 1867).

L'ultima dominazione austriaca e la liberazione del Veneto nel 1866: memorie, edited by A. Serena (Chioggia, 1916). [Reminiscences by local inhabitants.]

[Henri] Durand-Brager and —— de Champreux, *Deux mois de campagne en Italie* (Paris, 1867).

Antonio Fappani, *La campagna garibaldina del 1866 in Valle Sabbia e nelle Giudicare* (Brescia, 1970).

————, *La guerra del 1866 in Valle Camonica e il combattimento di Vezza d'Oglio* (Brescia, 1966).

[Alfonso Ferrero Della Marmora], *Secondo rapporto sulle operazione militari del 23 e 24 giugno 1866* (Florence, [1866]). [The Italian army chief of staff's account of Custoza.]

Manlio Gabrielli, *Mantova 1866* (Mantua, 1966). [Newspaper extracts from March 1866.]

Riccardo Gasperi, *Per Trento e Trieste l'amara prova dell 1866* (2 volumes, Trento, 1968). [Mainly for the Val Sugana operations, and very detailed.]

Il Generale la Marmora e la campagna del 1866 (1st–2nd editions, Florence, 1866).

Uberto Govone, *General Govone, die italienische-preußischen Beziehungen und die Schlacht bei Custoza 1866*, translated by Karl von Bruchhausen (Berlin, 1903).

Armando Guarnieri, *L'esercito italiano a Custoza* (Florence, 1871).

La guerra del 1866 in Valtellina (no place, [1969]).

La guerra in Italia nel 1866: l'esercito, la flotta e i volontari italiani: studio militare (Milan, 1867).

E[mil] Herrmann, *Die Schlacht von Custoza* (Laibach, 1903).

Alexander Hold, *History of the campaign of 1866 in Italy*, translated by Stuart Sutherland (Toronto, 2001; reprinted Solihull, 2010). [By an Austrian general staff captain at Custoza. Seems to have been from where Wyatt {q.v.} drew some of his Italian material. The original is *Geschichte des Feldzugs 1866 in Italien* (1st edition, Vienna, 1867; 2nd edition, Vienna, 1869).]

Eduard Kählig, *Vor und nach Custozza. Alte Tagebücher aus dem Feldzüge 1866* (Graz, 1892).

[Alberto De] La Forest [de Divonne], *Il fatto d'arme a Nogaredo–Versa nel 1866* (Florence, 1866). [By the commander of the Italian force involved in the action.]

Luigi Lazzatti, *Ricordo dell'ingresso delle truppe italiane a Venezia nell 1866; discorso....* (Città di Castello, 1917).

Legione Trentina, *La campagna del 1866 nel Trentino* (Trento, 1966).

J. V. Lemoyne, *Campagne de 1866 en Italie: la bataille de Custoza* (Paris, 1875). [Mostly a translation of the first work of Chiala {q.v.}.]

Casimir Freiherr von Lütgendorf, *Grenzsicherung, dann Marsch und Gefecht im Gebirge, applicatorisch besprochen an kriegsgeschichtlichen Episoden aus dem Jahre 1866* (Vienna, 1898). [A school exercise.]

—— Malchow, *Die Ereignisse vor der Schlacht bei Custoza 1866* (Berlin, 1901).

Antonio Maresio Bazolle, *Annale di Belluno nel 1866* (Belluno, [1966]).

Albert Ritter von Margutti, *Darstellung der kriegerischen Ereignisse in Italien im Jahre 1866* (Vienna, 1897).

Felice Mariani, *Un episodo della campagna del 1866 nel Tirolo* (Rome, 1908).

F[rancesco Count] Martini-Crotti, *La campagna dei volontari nel 1866* (Cremona, 1910).

Carl Ritter Mathes von Bilabruck, *Taktische Studie über die Schlacht von Custozza im Jahre 1866* (Vienna, 1891). [Generally quite good. An Italian translation is *Studi tattici sulla battaglia di Custoza nel 1866* (Turin, 1892).]

Francesco Mazzi, *Un episodio di voluntari di Garibaldi 1866* (Venice [?], 1867). [A poem.]

Memorie dell'occupazione austriaca dal 15 agosto al 15 ottobre 1866 in Tolmezzo (Tolmezzo, 1907).

D. S. Minelli, *Osservazioni politiche e strategiche intorno alla guerra d'Italia del 1866* (Bergamo, 1867).

Ettore Morini, *I reggiani benemereti del risorgimento nazionale: campagna del 1866* (Reggio Emilia, 1912).

Ezio Mosna, *La campagna del 1866 nel Trentino* (no place, [1966]).

Operazione dell'artiglieria all'attaco di Borgoforte dal 8 al 17 luglio 1866 (no place, no date).

Operazioni militari dei corpi volontari in Tirolo nella campagna del 1866 (Catania, 1867).

Teodoro Pateras, *Considerazioni strategiche sulla campagna d'Italia nel 1866* (Naples, 1866).

Per la battaglia di Monte Suello, 3 luglio 1866 (Brescia, [1966]).

[Ludwig Ritter von Pielsticker], *Eine Gefechts-Episode aus der Schlacht von Custozza 1866* (Teschen and Vienna, 1891). [Critical of the account of Carl Ritter Mathes von Bilabruck {q.v.}; by the chief of staff of 9th Corps, Austrian South Army.]

John Pocock, *Bitter victory: the campaign in Venezia and the South Tyrol and the battle of Custoza (June–July 1866)* (Tiptree, 2002). [The best description of the campaign in Englsh.]

Alberto Pollio, *Custoza (1866)* (1st edition, Turin, 1903; 4th edition, Rome, 1935).

Massimo Portelli, *La campagna del 1866 nel Friuli-Goriziano. Il combattimento di Versa e l'armistizio di Cormons* (Gorizia, 1966).

C—— R——, *Considerazioni tattiche sulla battaglia di Custoza* (1st edition, Turin, 1866; 2nd edition, Turin, 1867).

Cesare Rellica, *Confutazione alla lettera del generale La Marmora sulla campagna del 1866* (no place, no date).

Friedrich Regensberg, *Custoza und die Verteidigung von Südtirol 1866* (1st–7th editions, Stuttgart, 1904). [Part of volume 1 of *1866* {q.v.}.]

Luigi Reghini, *Pochi ricordi sulla campagna dei guerra nel 1866, relativi specialmente al tenete d'artigleria don Andrea del principi Corsini a Borgoforte* (Florence, 1905).

Resconto del Comitato bergamasco di soccorso pei feriti nel 1866 (Bergamo, 1867).

Resconto del Comitato di soccorso pei feriti in guerra del 1866 della città di Ferrara (Ferrara, 1867).

Ricordo del vercellesi combattenti nella campagna del 1866 per la liberazione del Veneto ([Vercelli, 1966?]).

Riposta all' opuscolo: "Il Generale la Marmora e la campagna del 1866" (Bologna, 1866).

Agostino Savelli, *L'anno fatale per l'Italia (1866)* (Milan, [1916]).

Die Schlacht bei Custozza am 24. Juni 1866 (Berlin, 1866).

Anton Freiherr von Scudier, *Betrachtungen über den Feldzug 1866 in Italien* (1st edition, Vienna, 1894; 2nd–3rd editions, Vienna, 1897). [By a 7th Corps brigadier, Austrian South Army. Not without its prejudices, considering the equivocal part its author played at Custoza, but still an incisive analysis. The two later editions were much expanded.]

———, *Der Krieg 1866 in Italien und Süd-Tirol nach den Feldacten* (Vienna, 1900).

Il sessantaquattresimo di fanteria a Custoza (1866): note storiche (Turin, 1908).

Pietro Silva, *I sessantasei. Studi storici* (Milan, 1917).

Salvatore Sinopoli, *Fra le balze del Trentino nel' 66: pei cinquantenario di Bezzecca* (Rome, 1916).

Giuseppe Solitro, *I comitati segreti della Venezia prima e durante la campagna dell 1866* (Venice, 1916).

———, *I Veneti nella preparazione e nella guerra del 1866* (Venice, 1933).

Eduard Ritter von Steinitz, *An historischen Stätten. Reiseskizzen aus Oberitalien* (Vienna, 1908) [For Custoza].

Adolf Strobl, *Custoza. Kurze Darstellung der Ereignisse vor und in der Schlacht bei Custoza* (Vienna, 1897).

Tito Tabachi, *La divisione Medici nel Trentino; narrazione storico-militare* (Florence, 1867).

Tizziano Tessitori, *Il Friuli nel 1866. Uomini e probleme* (Udine, 1966).

Genova Thaon Di Revel, *La cessione del Veneto: ricordi di un commissario regio militare* (1st edition, Milan, 1890; 2nd edition, Florence, 189?). [Mainly on the cession itself, but also on the peace treaty, by an Italian general who was also one of the commissioners for settling disputes.]

Girolamo Ulloa, *L'esercito italiano e la battaglia di Custoza: studi politici-militari* (1st edition, Florence, 1866).

———, *Riposta al giornale L'Esercito intorno all'critica dell'opusculo L'esercito italiano e la battaglia di Custoza* (Florence, 1867).

Angelo Umiltà, *I volontari del 1866; ovvero da Milano alle Alpi Rezie: memorie storiche documentale* (2 volumes, Milan, 1867).

Stanislaus Ritter von Ursyn-Pruszyński, *Unsere Cavallerie in der Schlacht von Custoza im Jahre 1866* (Vienna, 1904).

Francesco Vagliasindi, *L'Italia al 1866* (Catania, 1866).

Pietro Valle, *Sulle operazioni militari che ebbero luogo nel giorni 23 e 24 giugno del 1866 in Italia: studio analitico* (Palermo, 1872).

[Felice Venosta], *Storia aneddotica della campagna d'Italia nel 1866* (Milan, 1866).

[J. A. F. W.] Verdy du Vernois, *The battle of Custozza 1866: a tactical study*, translated by G. F. R. and R. A. Henderson (London, 1894; reprinted Westport, Connecticut, 1986, and Tonbridge, 1998). [By a noted Prussian officer and writer. The original is *Taktische Details aus der Schlacht von Custoza* (Berlin, 1876). It appeared in French as *Détails tactiques tirés de la bataille de Custozza* (Paris, 1877) and in Italian as *Studi pratici sull' arte della guerra applicati all' ultima battaglia di Custoza* (Milan, 1877). Does not live up to its title, since it is a school exercise based on certain aspects of the battle. The Italian general staff account {q.v.} was not used in its preparation, so causing some imbalance.]

J—— Vival, *Étude sur la campagne de 1866 en Italie et sur la Custozza* (Paris, 1870).

I volontari nel Tirolo (Rome, 1887).

Johann Baptist Freiherr von Waldstätten, *Strategische Grundsätze in ihrer Anwendung auf der Feldzug in Italien 1866* (Vienna, 1895). [By an Austrian general staff officer in Bohemia in 1866; he later became a notable writer on military topics.]

W. J. Wyatt, *A political and military review of the Austrian-Italian war of 1866, with an account of the Garibaldian expedition to the Tyrol...* (London, 1867). [A basic overview by a former Austrian officer who was a volunteer in the campaign. Includes sketches of Archduke Albrecht and General von John.]

———, *Political and military history of the Hanoverian and Italian war* (2 volumes, London, 1868). [Not very good. Volume 2 covers the Italian campaign.]

Antonio Zaccaria, *Un episodo della guerra italiana del 1866* (Florence, 1867).

Fernando Zanetti, *Custoza* (Alessandria, 1996).

Ugo Zaniboni Ferino, *Bezzecca 1866. La campagna garibaldina dall'Adda al Garda* (Trento, [1966?]; a second edition, with the title *...fra l'Adda e il Garda*, is Trento, 1987).

Antonio Ziegler, *Vicende di un lapide garibaldina* (Trento, 1966). [On the action of Bezzecca.]

1866. Da Salò a Bezzecca: testimonianze e memorie garibaldine, edited by Ugo Vaglia (Brescia, 1966).

The Southern German campaign

[Alexander, Prince of Hesse], *Feldzugsjournal des Oberbefehlshabers des 8. deutschen Bundescorps im Feldzuge 1866 in Westdeutschland* (1st–2nd editions, Darmstadt, 1867). [Attempts to justify the actions of its author. A reply to the comments of Prince Karl {q.v.} was written but not printed.]

Werner Freiherr von und zu Aufsess, *Manteuffels Operationen in Bayern von der Tauber bis zur Beginn der Waffenruhe 1866* (Berlin, 1905).

Badische Antwort auf das Pamphlet über den angeblichen badischen Verrath an den deutschen Bundestruppen. Von einem Badener (1st edition, Lahr, 1866; 2nd edition, Lahr, 1867). [A reply to *Actenmässige interessante Enthüllungen* {q.v.}; see also Schneider (q.v.}.]

Johann Baerwindt, *Der Behandlung von Kranken und Verwundten unter Zelten im Sommer 1866 zu Frankfurt am Main* (Würzburg, 1867).

[F. D. F. von Baur-Breitenfeld], *Die Operationen des achten deutsches Bundes Corps im Feldzuge des Jahres 1866* (Darmstadt, 1868). [By the chief of staff of 8th Federal Corps defending his actions.]

Die bayerische Heerführung und der Chef des Generalstabes Generallieutenant von der Tann vor den Geschworenen... (1st–3rd editions, Munich, 1866).

Werner Bergmann and Walter Hamm, *Bayerns Antheil am Feldzug gegen Preussen im Sommer des Jahres 1866: eine ordenskundliche Studie* (Kirchenlamitz, 1990).

—— Biebrach, *Kritische Beleuchtung der preussischen und süddeutschen Kriegführung im Main-Feldzuge 1866* (Mainz, 1870).

Karl Bleibtreu, *Langensalza und der Main-Feldzug* (1st edition, Stuttgart, [1906]; 2nd edition, Stuttgart, [1908]).

Friedrich Bleim, *Der Kampf um der Tauberlinie am 23., 24. und 25. Juli 1866* (Tauberbischofsheim, 1896).

Alfred Börckel, *Geschichte von Mainz als Festung und Garnison von der Römerzeit bis zur Gegenwart* (Mainz, 1913).

Der Bundesfeldzug in Bayern im Jahre 1866 (1st–3rd editions, Leipzig, 1866).

[Ludwig Burger], *Erinnerungs-Blätter aus dem Feldzuge der Main-Armee 1866* (new edition, Gera, 1878). [Lithographs.]

[R. K. F.] von Caemmerer, *Die süddeutschen Heeresbewegungen im Main-Feldzug von 1866* (Berlin, 1903).

C. C. Chesney, *The campaign in western Germany* (no place, 1867).

Ernst Clotz, *Die süddeutschen Staaten im Kriege von 1866 und die Gefechte im Taubergrund* (Tauberbischofsheim, 1966).

Der deutsche Krieg von 1866 und Bayerns Mitwirkung an denselben in Franken und Thüringen (Augsburg, 1866).

Ferdinand Dreher, *Das Kriegsjahre 1866 mit besondere Berücksichtigung der Ereignisse in der Wetterau und der angrenzende Gebiete* (Friedberg in der Wetterau, 1911). [Hesse-Darmstadt region.]

[Emil Emmerling], *Actenmässige interessante Enthüllungen über den angeblichen badischen Verrath an den deutschen Bundestruppen in dem soeben beendigten preussisch-deutschen Kriege* (Vienna and Stuttgart, 1866). [Harshly critical of the Baden units, accusing them of treason to their colleagues in 8th Federal Corps.]

————, *Nochmals der badische Verrath. Weitere Enthüllungen sowie Zurückweisung der wider die bekannte Bröschure erscheinen officiellen und officiösen Angriffe* (Stuttgart, 1866). [On the same theme.]

Der Feldzug der Mecklenburger nach Bayern 1866 (Ludwigslust, 1867).

Der Feldzug der preussischen Main-Armee in Sommer 1866 (3 volumes, Leipzig, 1867).

[Karl Du Jarrys de La Roche], *Mittheilungen von Thatsachen zur Beleuchtung der angeblichen "Enthüllungen" über den badischen Verrath* (Karlsruhe, 1866). [A defence of the Baden force by one of its brigadiers.]

[J. H. A.] Ebrard, *Die evangelische Felddiaconie in Bayern im dem deutschen Bundeskriege 1866* (Erlangen, 1866).

Br[ix] Förster, *Der Feldzug in Südwestdeutschland. Militärisch-statistische Notizen* (Munich, 1867).

Eugen Frauenholz, *Die Heerführung des Feldmarschalls Prinzen Carl von Bayern im Feldzug von 1866* (Munich, 1935). [The best work on the subject.]

Robert Friderici, *1866. Bismarcks Okkupation und Annexion Kurhessens* (Kassel, 1989). [Extremely detailed.]

Kritische Gedanken über die bayersche Cavallerie im Feldzuge 1866 (Munich, 1867).

Das Gefecht von Fronhofen, Laufach und Weiler am 13. Juli 1866 (Darmstadt, 1867). [Eyewitness account.]

Die Gefechte bei Hundheim, Werbach und Tauberbischofsheim, am 23. und 24. Juli 1866 (Tauberbischofsheim, 1868).

[Franz Freiherr Gemmingen von Massenbach], *Ursache und Wirkungen der bayerischen Kriegsführung 1866* (Munich, 1866). [By an adjutant of Prince Karl; a semi-official reply to *Der Bundesfeldzug in Bayern* {q.v.}.]

A[ugust] von Goeben, *Das Gefecht bei Dermbach am 4. Juli 1866* (Darmstadt, 1870). [By the commander of one of the Prussian divisions engaged.]

————, *Das Treffen bei Kissingen* (1st edition, Darmstadt, 1868; 2nd edition, Darmstadt, 1880; 3rd edition, Darmstadt, 1894). [As for the former. Both were subjected to some criticism by Moltke.]

Adolf Günther, *Das Gefecht bei Aschaffenburg am 14. Juli 1866* (Aschaffenburg, 1902).

L. A. Hale, *The fog of war: the battle of Kissingen, 10th July 1866* (no place, 1886).

Armin Hepp and Walter Nickel, *Bruderkrieg zwischen Preussen und Bayern 1866. Das Gefecht am Nebel bei Rossdorf von der Rhön am 4. Juli 1866* (Siegenthal, 1991).

Otto von Henning, *Die Darstellung des Gefechts in Kissingen (10. Juli 1866) durch den königliches bayerischen Generalquartermeisterstab beleuchtet* (Königsberg, 1869). [By the lieutenant colonel commander of the 19th Prussian Infantry Regiment engaged there. Although with defects, good for details.]

[Georg Hiltl], *Von der Elbe bis zur Tauber. Der Feldzug der preussischen Main-Armee im Sommer 1866* (1st–2nd editions, Bielefeld and Leipzig, 1867; 3rd edition, Bielefeld, 1868). [Fairly useful, although relying uncritically on secondary sources.]

Fritz Hönig, *Die Entscheidungs-Kämpfe des Mainfeldzuges an der fränkischen Saale— Kissingen-Friedrichshall-Hammelburg* (1st edition, Berlin, 1895; 2nd edition, Berlin, 1898). [By a noted Prussian military writer who was in 1866 a lieutenant in an infantry regiment in Bohemia.]

————, *Das Gefecht bei Kissingen am 10.7.1866* (new edition, Kissingen, [1901]).

Juni- und Julitage 1866 in Frankfurt am Main (1st–2nd editions, Kassel, 1866).

Otto Kanngiesser, *Geschichte der Eroberung der freien Stadt Frankfurt durch Preußen im Jahre 1866* (Frankfurt am Main, 1877).

[Karl, Prince of Bavaria], *Erläuterungen des Höchstcommandieren der südwestdeutschen Bundesarmee zu dem in Buchhandel erschienenen Feldzugs-Journal des ... Prinzen Alexander von Hessen, Oberbefehlshaber des 8. deutschen Bundescorps* (1st–2nd editions, Munich, 1867). [Comments by 7th Federal Corps' commander on the account by Prince Alexander {q.v.}.]

Em[il] Knorr, *Der Feldzug des Jahres 1866 in West- und Süddeutschland* (3 volumes, Hamburg, 1867–70).

H[ermann] Kunz, *Der Feldzug der Mainarmee im Jahre 1866* (Berlin, 1890).

Emil [von] Löffler, *Geschichte der Festung Ulm* (1st edition, Ulm, 1881; 2nd edition, Ulm, 1883). [By the commander of the Württemberg pioneer corps stationed there.]

Albert Neininger, *Rastatt als Residenz, Garnison und Festung* (Rastatt, 1961). [a basic survey.]

H.-R. Neumann, "Die Bundesfestung Mainz 1814–1866. Entwicklung und Wandlung," (PhD. dissertation, Technisches Universität Berlin, 1987).

Die Preussen in Frankfurt (1st–4th editions, Berlin, 1866). [Self-contgratulatory.]

[J. P.] Priem and [Chr.] Braunstein, *Die Besetzung Nürnbergs durch die Preussen 31. Juli bis 16. Sept. 1866* (Nuremberg, 1866). [Only for local colour.]

Heinrich von Ranke, *8 Tage bei unsern Verwundeten in dem entgegen Spitälern* (Munich, 1866).

G. M. Rappert, *Chronik der Kriegs-Ereignisse in der Stadt Hammelburg 1866* (Hammelburg and Würzburg, [1867]). [Useful for part of the battle of Kissingen and its aftermath.]

Friedrich Regensberg, *Der Mainfeldzug* (1st–3rd editions, Stuttgart, [1908]). [Part of volume 4 of *1866* {q.v.}.]

Die Schlacht bei Tauberbischofsheim am 24. Juli 1866 (2nd edition, Tauberbischofsheim, 1868).

Axel Tittmann, *Der deutsche Krieg von 1866 in Raum Würzburg* (Würzburg, 1986). [Limited.]

Das Treffen bei Kissingen, Winkels und Nüdlingen am 10. Juli 1866, edited by L. Schmitt (1st–5th editions, Kissingen, 1866).

R[obert] [W.] Volz, *Die Cholera auf dem badischen Kriegsschauplatze im Sommer 1866. Amtliche Bericht* (Karlsruhe, 1867). [Practically the only source on this extremely neglected aspect of the war; by a noted Baden civilian doctor.]

Josef Wabra, *Rhönfeldzug 1866. Schlacht bei Hammelburg und Bad Kissingen* (Werneck, 1968).

—— Wallmann, *Der Feldzug der preussischen Main-Armee gegen Süddeutschland, insbesondere der Division Goeben im Jahre 1866* (Minden, 1866).

Was sich die Pferde erzählen (Munich, 1866). [Criticism of the role of the Bavarian cavalry.]

[Wilhelm, Prince of Baden], *Zur Beurtheilung des Verhaltens der badischen Felddivision im Feldzuge 1866* (1st–3rd editions, Darmstadt and Leipzig, 1866). [A defence of the conduct of that force by its commander against *Actenmässige interessante Enthüllungen* {q.v.}.]

Wirkungen und Ursachen der preussischen Erfolge in Bayern (Jena, 1867).

[Wilhelm Wundt], *Das Land Baden im Kriegsjahre 1866* (Leipzig, 1919).

A—— von Z——, *Der Bayern im deutsche Krieg von 1866* (1st–13th editions, Augsburg, 1866-67).

[J. G. Zoller], *Nach 30 Jahren! Die Gefechte bei Hundheim, Tauberbischofsheim und Werbach am 23. und 24. Juli 1866. Mit einem geschichtlichten Rückblick* (Tauberbischofsheim, 1896).

Das 8. und 9. deutsche Bundesarmeecorps 1866 (Berlin, 1866). [A Prussian officer's prewar appraisal of the pro-Austrian states' forces.]

The Adriatic campaign

Gaspare Amico, *I fatti di Lissa: narrazione storico, compilata in base al processo Persano...* (Milan, 1868).

L'ammiraglio C. di Persano nella campagna navale dell'anno 1866, confutazioni, schiariamenti e documenti (Turin, 1873).

Ancona e Lissa: cuique suum (Ancona, 1866).

Ferdinand Ritter von Attlmayr, *Der Krieg Österreichs in der Adria im Jahre 1866* (Pola, 1896). [By a former Austrian naval officer present at Lissa; one of the better accounts.]

Edoardo Baumgartner, *La battaglia di Lissa e le cause dell'insuccesso* (Rome, 1911).

Enrico Berti, *Ancora sul caso Persano* (no place, 1969).

Eugenio Bucci [di Santafiora], *La battaglia di Lissa 18, 19, 20 luglio 1866* (Genoa, 1915).

————, *L'armata di risorgimento: la battaglia di Lissa; saggi illustrati di monografie storico-marinaresche* (Turin, 1903).

W. L. Clowes, *The naval campaign of Lissa* (Annapolis, MD, 1901).

E—— Ferrante, *Sconfitta navale Lis* (no place, 1985).

Giuseppe Gonni, *Note sulla guerra adriatico del 1866* (Florence, 1914).

Luigi Grillo, *Petulanza dell' ammiraglio Carlo di Persano* (Genoa, 1866).

Domenico Guerrini, *Come arrivammo a Lissa* (Turin, 1908).

————, *Come ci avviammo a Lissa* (Turin, 1907).

G—— Hayek, *Die Seeschlacht bei Lissa* (no place, 1868).

Angelo Iachino, *La campagna navale di Lissa 1866* (Milan, 1966). [By far the best Italian account.]

Der Kampf auf dem adriatischen Meere im Jahre 1866 (Vienna, 1869).

Wilhelm Knobloch, *Die "Kanoniere von Lissa." Zur Erinnerung an die heldenmüthige Vertheidigung der Insel Lissa durch die österreichische Artillerie am 18., 19. und 20. Juli 1866* (Pola, 1896). [The only source on this introduction to the battle.]

L—— Leipen, *Die Seeschlacht bei Lissa. Genossench* (Vienna, 1886).

[Ulrich Le Tanneur] von Saint-Paul-Hilaire, *Seeschlacht bei Lissa und ihre Bedeutung für den Seekrieg* (Berlin, 1867) [By a Prussian naval officer.]

G. F. Lorenzini, *La voce del popolo e l'ammiraglio Persano alla battaglia di Lissa: parole* (Turin, 1866).

A. E. Lumbroso, *La battaglia di Lissa nella storia e nella legenda* (Rome, 1910).

————, *Il processo dell'ammiraglio Persano, con prefazione ed appendici di documenti inedite sulla campagna navale di Lissa* (Rome, 1905).

Ugo Luzzi, *L'armata del Persano ad Ancona nel '66: impressioni de l'epoca* (Milan, 1909).

Raimondo Maccia, *L'ammiraglio Persano e la battaglia di Lissa* (Turin, 1866).

Camillo Manfroni, *Come ci avviammo, e come arrivammo a Lissa: note sulla opera di Domenico Guerrini* (Padova, 1908). [Comments by a well-known historical writer on the works of Domenico Guerrini {q.v.}.]

Diomede Marvasi e la sua requisitoria contro l'ammiraglio Persano, edited by Ugo Ardire (Reggio Calabria, 1966). [On Persano's trial.]

Giovanni Moro, *La giornata di Lissa* (Venice, 1878).

Domenico Parodi, *L'attacco e la battaglia di Lissa nel 1866: studio critico-apologetico* (1st edition, Genoa, 1898; 2nd edition, San Pier d'Arena, 1899).

Carlo Pellion di Persano, *Il carteggio di un vinto: lettere inedite dell' ammiraglio Carlo di Persano sulla campagna navale di Lissa e sul processo in alta Corte de giustizia (1867), con letteri di S.A.R. il principe Eugenio di Savoia Carignano al Carlo di Persano*, edited by A. E. Lumbroso (Rome, 1917). [Useful for details.]

———, *I fatti di Lissa: narrazione degli attachi dell'armata italiana e le fortezze che sono in sostegno e difesa dell'isola di Lissa* (1st–3rd editions, Turin, 1866; reprinted Pordenone, 1988). [Persano's defence of his actions.]

———, *Journal de bord pendant la campagne de 1866*, translated by Charles Garnier (Lyons, 1870).

[Alfons] Freiherr von Pereira-Arnstein, *1866–1906. Meine Erinnerungen an die Seeschlacht bei Lissa* (Stuttgart, 1906). [Austrian midshipman.]

Processo del Capitano di Vascello Barone Cav. Leopoldo di Casa, comandante la Terribile a Lissa (Venice, 1867).

Processo del conte Carlo Pellion di Persano, ammiraglio della flotta italiana, giudicato dal Senato (Milan, 1867). [Useful for gauging the mind of the Italian public after the defeat at Lissa.]

Processo segreto dell' ammiraglio Persano raccolto da un cameriere di corte (Florence, 1867).

Augusto Redaelli, *Il Persano a Lissa: documenti inediti* (Siena, 1909).

Friedrich Regensberg, *Lissa* (3rd–4th editions, Stuttgart, 1907).

Nicola Romualdi, *Il processo Persano* (Milan, 1938).

Simone De Saint-Bon, *Orazione funebre pronunciata il XXIII agosto MDCCCLXVI nel duomo di Ancona [per i marini morti nella battaglia navale di Lissa]* (Milan, 1917).

[Luigi Sanministelli], *L'ammiraglio Persano. Repliche della difesa requisitoria pubblico ministero per la pronunzia d'accusa* (Florence, 1867).

E. M. Saravallo, *Memorie sulla battaglia di Lissa ed il processo Persano* (Trieste, 1907).

Die Seeschlacht bei Lissa. 20 Juli 1866 (Graz, 1906).

Die Seeschlacht bei Lissa nach der Berichten und Urtheilen der englischen Presse. Ein Gedenkbuch, compiled by Arnold Hilberg (Vienna, 1867).

J[org?] Simani, *Die Seeschlacht bei Lissa* (Vienna, 1870).

H. R. Steyksal, *Die Seeschlacht bei Lissa 1866/1966* (Vienna, [1966]).

—— Touchard, *A propos du combat de Lissa* (Paris, 1867).

La vera storia della battaglia navale di Lissa e considerazioni sulla marina italiana (Naples, 1866).

Vivat Lissa!, edited by S—— von Reden (no place, 1999).

Maximilian Wirth, *Der Held von Lissa...* (Reutlingen, 1888).

[J—— Ziegler], *Die Operationen der österreichischen Marine während des Krieges 1866. Die Ereignisse auf dem Gardasee, der italienischen Angriff auf die Insel Lissa und die Seeschlacht bei Lissa* (Vienna, 1866).

Section 3

Biographies, journals and reminiscences

G. C. Abba, *La vita del Nino Bixio* (1st edition, Turin, 1905; 2nd edition, Turin, 1912). [7th Division commander, Italian Mincio Army.]

Giulio Adamoli, *Da San Martino a Mentana. Ricordi di un volontario* (Milan, 1892).

Gustav von Alvensleben, *Vor 30 Jahren in Österreich* (Berlin, 1896).

Ermanno Amicucci, *Per Carlo Boggio: caduto nella battaglia di Lissa* (Turin, 1937). [Italian parliamentarian drowned at Lissa.]

[Ernst] Beck, *Meine Erlebnisse im Feldzuge 1866* (Freiburg im Breisgau, 1867). [4th Austrian Lancer Regiment officer.]

[Ludwig von Benedek], *Benedeks nachgelassene Papiere*, edited by Heinrich Friedjung (1st–2nd editions, Leipzig, 1901). [Mainly personal letters, but also with a short biography.]

Vincent Count Benedetti, *Ma mission en Prusse* (1st–2nd editions, Paris, 1871; 3rd edition, Paris, 1878). [The efforts of the French ambassador to Prussia to arrange a ceasefire after Königgrätz.]

E[rnst] Berner, *Kaiser Wilhelms des Großen Briefe, Reden und Schriften* (2 volumes, 1st–3rd editions, Berlin, 1906). [Volume 2 covers 1861–88.]

[Theodor von Bernhardi], *Aus dem Leben Theodors von Bernhardi*, edited by F. T. von Bernhardi (9 volumes, Leipzig, 1893–1906). [Prussian diplomat at Italian army headquarters. Volume 7 deals with the war.]

D—— von Bernhardt, *Erinnerungen aus meiner Dienstzeit* (Leipzig, 1894).

H. H. von Beseler, *Von Soldatenberufe* (Berlin, 1912).

W. F. Besser, *Sechs Wochen im Felde* (1st–3rd editions, Halle, 1867).

[Friedrich Count Beust], *Memoirs of Friedrich Ferdinand, Count von Beust, written by himself*, translated by Henry Baron de Worms (2 volumes, 2nd edition, London,

1887). [Saxon foreign minister. The memoirs are not regarded as reliable by many, and the translation has been criticized.]

Clemens Biegler, *Meine Erlebnisse während des Kriegsjahres 1866* (Sankt Pölten, 1908). [60th Austrian Infantry Regiment lieutenant present at Königgrätz.]

Wilhelm Bigge, *Feldmarschall Graf Moltke. Ein militärisches Lebensbild* (2 volumes, 1st edition, Munich, 1901; 2nd edition, Munich, 1903). [Volume 2 covers 1857–90.]

[G. F. G. C.] von Bismarck, *Kriegs-Erlebnisse 1866 und 1870/71* (1st–3rd editions, Dessau, [1907]). [Prussian infantry officer in Bohemia.]

Otto von Bismarck, *Gedanken und Erinnerungen* (2 volumes, 1st edition, Stuttgart, 1898). [Translated by A. D. Butler as *Bismarck: the man and the statesman* (2 volumes, London, 1898).]

———, *Die gesammelte Werke* (19 volumes, Berlin, 1924–35).

Blätter der Erinnerung an den Chef des Generalstabes Feldzugmeister Franz Freiherr von John (Graz, 1913). [Austrian South Army chief of staff.]

F. [L.] von Blücher, *Zwanzig Jahre Ulan. 1855–1875. Aus meinem Tagebuche* (Berlin, 1884). [Prussian officer.]

Leonhard Count Blumenthal, *Journals of the Field-Marshal Count von Blumenthal for 1866 and 1870-71*, translated by A. D. Gillespie-Anderson (London, 1903; reprinted New York, 1971). [II Prussian Army chief of staff; not that useful.]

Jul[ius] Bock von Wülfingen, *Tagebuch vom 11. Juni bis 3. Juli 1866* (Hanover, 1876). [For events in Hanover.]

Auf der böhmischen Schlachtfeldern. Erlebnisse eines preussischen Trompeters (Mulheim am Rhein, 1866).

Heros von Borcke, *Mit Prinz Friedrich Karl. Kriegs- und Jagdfahrten und am häuslichen Herd* (1st–2nd editions, Berlin, 1893; 3rd edition, Berlin, 1903).

Luigi Breganze, *Agostino Depretis e i suoi tempi: ricordi storico-biografici* (Verona, 1894). [Italian naval minister.]

A—— and L—— Brignone, *In memoria del generale Filippo Brignone* (Pinerolo, 1912). [3rd Division commander, Italian Mincio Army.]

Friedrich Brunck, *3 Monate kriegsrechtliche Haft in Oesterreich während des Sommers 1866* (Schweidnitz, 1867).

J—— Bubbe, *Kriegs-Erlebnisse aus den Feldzügen 1864, 1866, 1870/71 ehemaliger 24er* (Neu-Ruppin, 1897).

Arend Buchholtz, *Ernst von Bergmann. Mit Bergmanns Kriegsbriefen von 1866, 1870/71 und 1877* (1st–2nd editions, Leipzig, 1911; 3rd edition, Leipzig, 1913; 4th edition, Leipzig, 1925). [Very important Prussian doctor, present at Königgrätz.]

La campagna d'Italia del 1866 e la pace de 3 ottobre: breve memorie di un volontario (Brescia, 1867).

Pietro Candelpergher, *Ricordi d'un garibaldino; Aspromonte, Bezzecca* (Ancona, 1908).

Licurgo Cappelletti, *Storia di Vittorio Emanuele* (3 volumes, Milan, 1892–93). [Considered slight but fairly useful.]

Girolamo Cappello, *Il generale Giuseppe Sirtori: conferenza tenuta all' Instituto Cardacci di Como il 24 novembre 1917* (1st edition, Como, 1918; 2nd edition, Bari, 1919). [5th Division commander, Italian Mincio Army.]

Leopoldo Barone de Casa, *Processo del capitano di vascello cav. Leopoldo de Casa...* (Venice, 1867). [Captain of the *Terribile* at Lissa.]

Carlo Castellani, *La Marmora e Ricasoli nel 1866* (Rome, 1903). [A reply to *Ancora di un po' piu di luce* {q.v.}.]

Hermann von Chappuis, *Bei Hofe und im Felde. Lebenserinnerungen* (Frankfurt, 1902). [Prussian officer.]

Rob[ert] Charisius, *Bei den Achtundzwanzigern 1866. Kriegserinnerungen* (Düsseldorf, 1898). [Prussian infantryman.]

Eugenio Checchi, *Memorie di un garibaldino, 1866* (Milan, 1888). [By a well-known writer.]

Luigi Chiala, *Ricordi della vita di due generale italiani (F. Brignone e Giov. Durando)* (Rome, 1879).

Enrico Cialdini, *Riposto ... all'pusculo Schiaramenti e rettifiche del General Lamarmora* (Florence, 1868). [Reply of the other main Italian general to the pamphlet of Ferrero Della Marmora {q.v.}.]

H—— von Clausewitz, *Aus dem Tagebuch eines preussischer Jägeroffizier insbesondere über das Gefecht bei Hühnerwasser und die Kämpfe des Stollbergschen Corps* (Darmstadt, 1868).

Francesco Cognasso, *Vittorio Emanuele II* (Milan, c. 1986).

[E. K. G. H. W. A.] von Conrady, *Das Leben des Grafen August von Werder, königlich preussischen Generals des Infanterie* (Berlin, 1889). [3rd Division commander, I Prussian Army.]

[Carlo] Corsi, *Rimembranze di guerra (1848–1870)* (Rome, 1896). [Staff major, 1st Corps, Italian Mincio Army.]

———, *Venticinque anni in Italia (1844–1869)* (2 volumes, Florence, 1870).

[Enrico] Cosenz, *Custoza e altri scritti inediti del gen. Enrico Cosenz, e ricordi vari sullo stesso* (Palermo, 1913). [6th Division commander, Italian Mincio Army. One of the better documented works on him.]

Feldmarschall Lieutenant Carl Graf Coudenhove, Commandant der 3. Reserve-Cavalleriedivision im Kriege 1866... (Vienna, 1901). [Uses his personal papers, which are of some interest.]

[R. K. F. Freiherr von Dalwigk zu Lichtenfels], *Die Tagebücher aus den Jahren 1860-71*, edited by Wilhelm Schüssler (Stuttgart and Berlin, 1920; reprinted Osnabrück, 1967). [Grand Ducal Hessian prime minister.]

G. F. F. Dammers, *Erinnerungen und Erlebnisse des königlich hannoverschen General-Majors G.F.F. Dammers, letzten Generaladjutanten des Königs Georg V. von Hannover* (Hanover, 1890). [To be used with caution.]

[Maximilian Daublebsky von Sterneck zu Ehrenstein], *Admiral Max Freiherr von Sterneck. Erinnerungen aus den Jahren 1847 bis 1897*, edited by his widow; biography and additions by Jerolim Freiherr Benko von Boinik (Vienna, 1901). [Captain of the Austrian flagship at Lissa.]

Giovanni De Castro, *Giuseppe Sirtori* (Milan, 1892). [The best life of 5th Division commander, Italian Mincio Army.]

R. A. De Cesare and Enrico Poerio, *Cosenz e la battaglia di Custoza: a proposito di due recente pubblicazioni (di Gilberto Secrétant e di Fr. Guardione)* (Rome, 1913). [Another contribution to polemics.]

Giangiacomo De Félissent, *Il generale Pianell e il suo tempo* (Padua, 1902). [2nd Division commander, Italian Mincio Army.]

A. C. De Feo, *Da Milano a Porta Pia: ricordi di un volontario* (Genoa, 1906).

Cristoph Count Degenfeld-Schonburg, *Schweinschädel und Königgrätz. Meine Kriegserinnerungen als Kommandant des 7. Husarenregiments* (Vienna, 1907).

Denkwürdigkeiten, Briefe und Tagebücher des Generals und Admirals Albrecht von Stosch, ersten Chefs des Admiralitäts (1st–3rd editions, Stuttgart and Leipzig, 1904). [II Prussian Army deputy chief of staff.]

Denkwürdigkeiten des Botschafters General von Schweinitz (2 volumes, Berlin, 1927). [Lieutenant colonel and aide-de-camp to the Prussian king; mostly useful for diplomatic history.]

[Rosa Deutsch], *Bräutigamsbriefe einer österreichisches Militärarzt aus den Jahre 1866* (Vienna, 1906). [Doctor with an Austrian medical company in Bohemia.]

Max Dittrich, *Staatsminister General von Fabrice. Sein Leben und sein Streben* (Dresden, 1891). [Saxon general staff chief.]

————, *Unter König Albert von Sachsen im Felde 1849, 1866, 1870/71* (Dresden, 1882). [Saxon officer.]

Paul Dorsch, *Kriegszüge der Württemberger im 19. Jahrhundert. Erinnerungen von Mitkämpfern* (Calw, 1912). [Devotes some space to 1866.]

A. [W.] Dove, *Grossherzog Friedrich von Baden als Landesherr und deutscher Fürst* (Heidelberg, 1902).

Beda [F.] Dudík, *Erinnerungen aus dem Feldzuge 1866 in Italien* (Vienna, 1870). [Benedictine monk at Austrian South Army headquarters; considered useful by Friedjung {q.v.}.]

Carl von Duncker, *Feldmarschall Erzherzog Albrecht* (Vienna and Prague, 1897). [The standard life of the Austrian South Army commander.]

Giovanni Durando, *Cenni biografici* (Florence, 1869). [1st Corps commander, Italian Mincio Army.]

Adolf Freiherr von Eberstein, *Erlebtes aus den Kriegen 1864, 1866, 1870/71, und mit Feldmarschall Hellmuth Graf Moltke* (Leipzig, [1900]).

Alois Eckl, *Aus meinem Trautenauer Aufenhalt* (Prague, 1895).

Augusto Elia, *Ricordi di un garibaldino dal 1847–48 al 1900* (2 volumes, 1st edition, Rome, 1904; 2nd–4th editions, Rome, 1909, are entitled *Ricordi di un veterano del....*). [Lieutenant colonel commander of the Italian flotilla on Lake Garda.]

J. E. Emmer, *Feldmarschall Erzherzog Albrecht* (1st edition, Salzburg, 1879; 3rd edition, Salzburg, 1899). [A popular history.]

A[dolf] Erhard, *Reichsfreiherr Sigmund von Pranckh* (Munich, 1890) [Bavarian colonel and brigadier, and then war minister.]

Erinnerungen des Generals der Kavallerie Gustav Ritter von Fleschuez aus den Jahren 1866 bis 1871, edited by Ludwig Biergans (Berlin, 1914). [General staff captain, adjutant to chief of staff, Bavarian army headquarters.]

Erinnerungen eines Husaren-Offiziers an den Jahren 1866–1871, compiled by Friedrich von Bardeleben (Frankfurt, 1904).

Erlebnisse eines freiwilliges Feldgeistlicher auf den Kriegsschauplatz in Böhmen (2nd edition, Brandenburg, 1867).

Ernst, Duke of Coburg, *Memoirs of Ernest II, Duke of Saxe-Coburg-Gotha*, translated by Percy Andreae (4 volumes, London, 1888–90). [Notable liberal German ruler. Volume 4 covers 1859–70.]

Erich Eyck, *Bismarck. Leben und Wirken* (3 volumes, Erlenbach and Zürich, 1941–44). [Volume 2 covers 1864–71.]

Alfonso Ferrero Della Marmora, *Schiaramenti e rettifiche* (1st edition, Florence, 1868, many others). [The explanations of the chief of staff of Mincio Army's for his conduct during the war.]

——, *Un po' piu di luce sugli eventi politici e militari dell' anno 1866* (1st–5th editions, Florence, 1873). [The Italian prime minister's explanation of events leading up to war and his part in them. A proposed second volume was suppressed from political considerations. Appeared in French as *Un peu plus de lumière sur les événements politiques et militaires de 1866*, translated by —— Niox and —— Descoubès (1st–3rd editions, Paris, 1873) and in German as *Etwas mehr licht. Enthüllungen über die politischen und militärischen Ereignisse des Jahres 1866* (1st–2nd editions, Mainz, 1873).]

Pietro Ferrua, *Giovanni Durando: cenni biografici* (Turin, 1879). [1st Corps commander, Italian Mincio Army.]

Raccolta Finizia, *Giornale di un volontario della campagna del 1866* (Publication information unknown).

Carl Fischer, *Militärärztliche Studien aus Süddeutschland und Böhmen* (Aarau, 1866).

[Karl Fischer von Wellenborn], *Memories of the campaigns of 1859 and 1866: an Austrian lancer's account*, translated by Stuart Sutherland (Toronto, 2001). [1st Austrian Lancer Regiment captain. The original is *Erinnerungen aus dem Feldzügen 1859 und 1866. Ein Beitrag zur Geschichte des k. und k. Uhlanen-Regimentes Nr.1* (Vienna, 1894).]

W. A. Fletcher, *The mission of Vincent Benedetti to Berlin, 1864–1870* (The Hague, 1965). [French ambassador to Prussia.]

Heinrich Ritter von Födransperg, *Vierzig Jahre in der österreichischen Armee ... (1854–1894)* (2 volumes, Dresden, [1894]). [25th Austrian Rifle Battalion lieutenant. Volume 2 covers May 1866– 1894.]

Wolfgang Foerster, *Prinz Friedrich Karl von Preussen. Denkwürdigkeiten aus seinem Leben* (2 volumes, 1st–9th editions, Stuttgart and Leipzig, 1910). [I Prussian Army commander; uses his papers. Volume 2 covers 1866–85. Appeared in French as *Mémoires du prince Frédéric-Charles de Prusse*, translated and edited by —— Corteys (Paris, [1913]).]

Theodor Fontane, *Reisebriefe vom Kriegsschauplatz Böhmen 1866* (Frankfurt, 1972). [By a noted German writer; good for colour.]

Fred Count Frankenberg, *Kriegstagebücher von 1866 und 1870/71*, edited by Heinrich von Poschinger (1st edition, Stuttgart, 1896; 3rd edition, Stuttgart and Leipzig, 1897). [Prussian parliamentarian with the army in Bohemia.]

[Eduard von Fransecky], *Denkwürdigkeiten des preußischen General der Infanterie Eduard von Fransecky*, edited by Walter von Bremen (1st edition, Bielefeld and Leipzig, 1901; 2 volumes, 2nd edition, Berlin, 1913). [7th Division commander, I Prussian Army.]

Eugen Franz, *Ludwig Freiherr von der Pfordten* (Munich, 1938). [Bavarian prime minister.]

[Friedrich Wilhelm, Crown Prince of Prussia], *The emperor's diary of the Austro-German War, 1866 and the Franco-German War, 1870–71....*, edited by H. W. Lucy (London, 1888). [II Prussian Army commander. One of the standard sources in English on the war.]

Richard Freiherr von Friesen, *Erinnerungen aus meinem Leben* (2 volumes, 1st edition, Dresden, 1880). [Saxon finance minister. Often harshly critical of the memoirs of Count Beust {q.v.}.]

H [A. E. Freiherr von] Gablenz, *Meine Erlebnisse im Feldzuge 1866 als Landwehr-Unteroffizier im 4. magdeburgischen Infanterie-Regiments Nr.67* (2nd edition, Berlin, 1867).

Giuseppe Garibaldi, *Memorie autobiografice* (1st edition, Florence, 1888; many more; e.g., 10th edition, Florence, 1895).

———, *Il generale La Marmora e la campagna del 1866* (Florence, 1868). [Accusations of La Marmora's incompetence in directing the war.]

————, *Il generale Alfonso La Marmora, condannato da sè stesso per mancanza contra l'onore e per inettitudine: osservazioni* (Genoa, 1868). [More on the same theme.]

General der Kavallerie Freiherr von Edelsheim-Gyulai. Eine Charakterstudie (Leipzig, 1893). [1st Austrian Light Cavalry Division commander. Rather too favourable.]

General-Feldmarschall von Steinmetz. Aus den Familienpapieren dargestellt, edited by Hans von Krosigk (Berlin, 1900). [5th Prussian Corps commander.]

Albert Geyer, *Generalfeldmarschall Herwarth von Bittenfeld. Zur Jubelfeier seiner 100 jährig. Geburtstages am 4. September 1896* (Münster, 1896). [Prussian Elbe Army commander.]

Ignazio Giraud, *Amore di patria: reminiscenze garibaldine del 1866* (Genoa, 1866).

C. S. Godkin, *Victor Emanuel II, first king of Italy* (2 volumes, London, 1879). [Not very good, but one of the few lives in English.]

[A. K. F. C. von Goeben], *August von Goeben, königlich preußischer General der Infanterie. Eine Auswahl seiner Briefe mit einem einleitenden Lebensbilde*, edited by Gebhard Zernin (1st edition, Berlin, 1901; 2nd edition, Berlin, 1903, is entitled *August von Goeben in seinen Briefen*). [Prussian Main Army divisional commander.]

Il generale Giuseppe Govone: frammenti di memorie, edited by Uberto Govone (1st edition, Turin, 1902; 2nd edition, Turin, 1911). [9th Division commander, Italian Mincio Army. A French translation, Paris, 1905, is *Memoires, 1848–1870.*]

Edmund Glaise von Horstenau, *Franz Josephs Weggefährte. Das Leben des Generalstabschefs Grafen Beck* (Zürich, Leipzig and Vienna, 1930). [Major in the Austrian adjutant general's department who undertook missions to Austrian headquarters in the north.]

[G. E. F. von Glasenapp], *Militärischen Biographien des Offizier-Corps der preussischen Armee* (Berlin, 1868).

Glückliche Episoden aus den Kämpfen Oesterreichs im Jahre 1866. Zum vierzigjährigen Gedenken. Mit Beiträge vom Mittkämpfern [edited by Eduard Ritter von Steinitz] (Vienna, 1906). [Reminiscences of the few Austrian successes by several officers. The text is "patriotic."]

Giuseppe Gonni, *Un cittadino emerito di Taranto (l'ammiraglio Carlo Persano): documento inedito sulla campagna navale del'1866* (Florence, 1912).

Francesco Guardione, *Il generale Enrico Cosenz: ricordi* (Palermo, 1900). [6th Division commander, Italian Mincio Army; not bad.]

Andrea Gustarelli, *I mille et la terza guerra d'indipendenza* (Milan, 1940).

[G. F. A. A.] Count Haeseler, *Zehn Jahre im Stabe des Prinzen Friedrich Karl* (3 volumes, Berlin, 1910–15). [Adjutant to I Prussian Army commander. Volume 3 covers 1865–66.]

[Adolph Halbreiter], *Bismarckfängen: wie die Bayern letzmals gegen die Preussen zogen: Adolph Halbreiters Erinnerungen aus dem Feldzuge 1866* (Nuremburg, 1983).

Peter Handel-Mazzetti and H. H. Sokol, *Wilhelm von Tegetthoff. Ein grosser Österreicher* (Linz, [1952]). [Austrian naval commander at Lissa.]

Julius Hartmann, *Erinnerungen eines deutschen Offiziers 1848 bis 1871* (1st edition, Wiesbaden, 1884; 2nd edition, Wiesbaden, 1885; 2 volumes in 1, 3rd edition, Wiesbaden, 1890). [Hanoverian artillery reserve commander.]

———, *Meiner Erlebnisse zu hannoverscher Zeit 1839–1866*, edited by Adolf Hartmann (Wiesbaden, 1912).

———, *Briefe aus dem Feldzugen 1866 an die Gattin gerichtet*, edited by Louise von Hartmann (Berlin, 1898).

J. P. Hassel, *Aus dem Leben des Königs Albert von Sachsen* (2 volumes, Berlin, 1898-1900). [Volume 2 covers his life as crown prince.]

Heinrich, Prince of Hesse, *Die Kriegstagebücher des Prinzen Heinrich von Hesse, königlicher preußischen General der Cavallerie 1864–1866–1870/71* (Munich, 1902). [2nd Prussian Lancer Regiment commander.]

P—— Heinrich, *Erlebnisse eines Kriegskorrespondenten aus den Jahren 1859, 1866 und 1870* (1st–2nd editions, Vienna, 1908).

Franz Herre, *Kaiser Wilhelm I.: der letzte Preusse* (Cologne, c. 1980).

G—— Hilder, *Eine friedlicher Feldzug. Tagebuch-Blätter aus dem Jahre 1866* (Berlin, 1870).

Ludwig Hirschfeld, *Friedrich Franz II. Großherzog von Mecklenburg-Schwerin und seine Vorgänger* (2 volumes in 1, 1st edition, Leipzig, 1890; 2nd edition, Leipzig, 1891). [II Prussian Reserve Corps commander.]

Kraft [K. A. E. F.] zu Hohenlohe-Ingelfingen, *Aus meinem Leben*, edited by Arwed von Teichman und Logischen and Walter von Bremen (4 volumes, Berlin, 1897–1907). [Prussian Guards Artillery Regiment second in command. Very useful. Volume 3 covers the 1866 war.]

[A. H. L. von Holleben], *Briefe aus den Kriegsjahren 1866 und 1870/71 des Generals des Infanterie Albert von Holleben*, edited by Wilhelm von Holleben (Berlin, 1913).

G[eorg Freiherr von] H[olt]z, *Vor 40 Jahren. Erinnerungen eines alten Kriegsmannes* (Vienna, 1906). [61st Austrian Infantry Regiment lieutenant.]

A[ntonie] von Holzhausen-Gablenz, *Erinnerungen einer österreichischen Offiziersfrau aus dem Kriegsjahre 1866* (Gotha, 1891).

J—— Horwitz, *Von Berlin nach Nikolsburg. Skizzen aus dem Kriegsjahre 1866* (Berlin, 1866).

Joseph Irmler, *Moltke und Prinz Friedrich Karl bei Königgrätz* (Berlin, 1926; reprinted Vaduz, 1965). [Misleading title, since half the work takes up the opening stages of the campaign.]

[H—— Jacobi], *Im Felde. Erinnerungen eines Einjährigen-Freiwilligen vom Füsilier-Bataillon des Kaiser Franz-Garde-Grenadier-Regiments aus dem Feldzuge in Böhmen und Mähren* (Berlin, 1867).

Max Jahns, *Feldmarschall Moltke* (2 volumes, Berlin, 1900). [The most detailed of the early lives.]

[K.] Eduard von Jena, *General von Goeben im Feldzuge 1866 gegen Hannover und der süddeutschen Staaten und meine Erlebnisse in diesem Feldzuge als Generalstabsoffizier des Division Goeben* (Berlin, 1904).

Emil Jentsch, *Erinnerungen nach dem Tagebuch eines Zwanzigers aus dem Main-Feldzuge 1866* (Rathenow, 1899).

K. H. Keck, *Das Leben des General-Feldmarschalls Edwin von Manteuffel* (Bielefeld and Leipzig, 1890). [Prussian Main Army divisional commander and later head.]

Eberhard Kessel, *Moltke* (1st edition, Stuttgart, 1957). [The best modern biography in German.]

Georg Klapka, *Aus meinem Erinnerungen* (Zürich, Budapest and Vienna, 1887). [Klapka Legion commander. The memoirs have been attacked for their inconsistencies.]

[Moritz {Hutten} von Klingenstein], *My impressions of the Bavarian-Prussian campaign of 1866*, translated by Stuart Sutherland (Toronto, 2001). [Austrian general staff captain at Bavarian headquarters; often cited by contemporaries. The original is *Meine Eindrücke aus dem bayerisch-preussischen Feldzuge im Jahre 1866. Von einer Augenzugen* (Vienna, 1867).]

Onno Klopp, *König Georg V* (Hanover, 1878). [Not very good, but almost all there is on this monarch.]

Klaus Koch, *Generaladjutant Graf Crenneville* (Vienna, c. 1984). [Senior Austrian adjutant general.]

Otmar Kovařik, *Feldzugmeister Benedek und der Krieg 1866* (Leipzig, 1907).

I. H. Kretanov, *Aus glorreichen Tagen. Erinnerungen an der Schlacht bei Lissa* (Laibach, 1910).

H—— Kretzschmar, *König Johann von Sachsen* (no placc, 1878). [Saxon ruler.]

Thilo Krieg, *Constantin von Alvensleben, General der Infanterie* (Berlin, 1903). [Prussian Guards Corps brigadier.]

————, *Wilhelm von Doering, königlich preussischer Generalmajor. Ein Leben- und Charakterbild...* (Berlin, 1898). [General staff colonel at Prussian headquarters.]

————, *Hermann von Tresckow, General der Infanterie und Adjutanten-General Kaiser Wilhelms I. Ein Lebensbild* (Berlin, 1911).

Béla Kuderna, *Aus bewegten Tagen. Persönliche Erinnerungen und Erlebnisse aus dem Feldzugen des Jahres 1866 gegen die Preussen* (Vienna, 1906).

Ernst Küster, *Kriegserinnerungen aus den Feldzügen 1866 und 1870/71* (Munich, 1929).

Hans Kuffitich, *Unsere Offiziere vor dem Feinde. Personliche Erlebnisse aus dem Feldzügen 1864, 1866 und 1870/71* (Berlin, 1900). [A rare, short series of memoirs by junior officers.]

Vladimir Kuk, *Erzherzog Albrecht* (Vienna, 1895). [Not of much worth.]

Albr[echt] Kunth, *Unter der Fahne des 2. Bataillons Franz. Erinnerungen aus dem Jahre 1866* (Berlin, 1867). [2nd Prussian Grenadier Guards Regiment corporal.]

Le lettere di Vittorio Emanuele II, edited by Francesco Cognasso (2 volumes, Turin, 1966).

Eduard von Liebert, *Aus meinem bewegten Leben. Erinnerungen 1850 bis 1918* (Munich, 1925).

[V. W. A. V.] von Lignitz, *Aus drei Kriegen. 1866, 1870/71, 1877/78* (Berlin, 1904).

[F. C. W. D.] Freiherr von Löe, *Erinnerungen aus meinem Berufsleben 1849 bis 1867* (1st–2nd editions, Stuttgart and Leipzig, 1906). [Aide-de-camp to Prussian king.]

Oberſt z. D. von Otto.

Kriegs-Erlebniſſe
beim 1. Poſenſchen Infanterie-Regiment Nr. 18.*)

Aus dem Tagebuch des Oberſt z. D. von Otto.**)

In Feindesland 1866.

Am 23. Mai 1866 ging die Mobilmachungsordre ein und tags darauf begann die kriegsmäßige Einkleidung und Ausrüſtung der Kompagnie, ſowie die Abgabe von Mannſchaften an das Erſatz-Bataillon. Nachdem die Reſerven eingereiht waren, erfolgte der Ausmarſch zur Verſammlung der 1. Armee in der Gegend von Kalau.

*) Dem jetzigen Infanterie-Regiment von Grolman (1. Poſenſches) Nr. 18.
**) Während des Feldzuges 1866 und 1870/71 war von Otto Hauptmann und Chef der 10. Kompagnie.

One of the rare eyewitness accounts that appears in Hans Kufittich's book *Unsere Offiziere vor dem Feinde. Personliche Erlebnisse aus dem Feldzügen 1864, 1866 und 1870/71* (Collection of Duncan Rogers)

Reinhold Lorenz, *Ludwig Freiherr von Gablenz. Ein deutscher Soldat im 19. Jahrhundert* (Berlin, 1936). [The best of the works on the 10th Austrian Corps commander.]

Philipp Losch, *Der letzte deutschen Kurfürst, Friedrich Wilhelm I. von Hessen* (Marburg, 1937).

Hermann Lüders, *Ein Soldatenleben in Krieg und Frieden* (Stuttgart and Berlin, 1888). [Prussian Sharpshooter Guards Battalion soldier and noted artist. Covers 1864–71.]

J—— M——, *General Vogel von Falkenstein. Ein Lebensbild* (Königsberg, 1867). [Prussian Main Army commander.]

Raimondo Maccia, *L'ammiraglio Persano, ossia confutaziono di alcuni appunti sulla battaglia di Lissa* (3rd–5th editions, Turin, 1866).

Adolf Magirus, *Herzog Wilhelm von Württemberg, k.u.k. Feldzugmeister. Ein Lebensbild* (Stuttgart, 1897). [2nd Austrian Corps brigadier.]

Giuseppe Marcotti, *Il generale Enrico Cialdini, duca di Gaeta* (1st edition, Florence, 1891; 2nd edition, Florence, [1892]). [One of the better lives of the Italian Po Army commander.]

Girolamo Mari, *Custoza. Rimembranze ed impressioni* (Piacenza, 1879).

Giuseppe Massari, *Il generale Alfonso La Marmora: ricordi biografici* (Florence, 1880). [Italian Mincio Army chief of staff.]

———, *La vita ed il regno di Vittorio Emanuele di Savoia, primo re d'Italia* (2 volumes, 1st edition, Milan, 1878; 2nd edition, Milan, 1880).

Memorie alla casalinga di un garibaldino: guerra nel Tirolo (1866) (Livorno, 1867).

Memorie di un garibaldino nel 1866 (3 volumes, Rome, 1887).

Augusto Mezzetti, *I miei ricordi sulle campagne 1866–67* (Turin, 1901).

Emilio Michel, *Il diario di un granatiere combattente a Custoza e prigioniero in Ungheria (1866)* (Rome, 1935).

Anton Freiherr Mollinary von Monte Pastello, *Sechsundvierzig Jahre im österreich-ungarischen Heere 1833–1879* (2 volumes, Zürich, 1905). [4th Austrian Corps deputy commander. Volume 2 covers 1858–96. His opinions must always be taken with a grain of salt. Appeared in French as *Quarante-six années dans l'armée austro-hongroise* (2 volumes, Paris, 1908).]

Helmuth von Moltke, *Gesammelte Schriften und Denkwürdigkeiten* (8 volumes, Berlin, 1891–92). [Volumes 1–2 and 4–6 are the most relevant.]

———, *Moltke's correspondence during the campaign of 1866 against Austria*, precis by Spenser Wilkinson (London, 1915). [Somewhat selective.]

G—— Monsagrati, *Alfonso Ferrero La Marmora, Bettino Ricasoli, Urbano Ratazzi* (Rome, 1999). [Italian prime ministers in and around 1866.]

Enrico Morozzo Della Rocca, *The autobiography of a veteran, 1807–1893*, translated by Janet Ross (New York, 1898; London, 1899; reprinted Tonbridge, 1993). [3rd Corps commander, Italian Mincio Army. The original, which is far more extensive, is *Autobiografica di un veterano: ricordi storici e aneddotici* (2 volumes, 1st edition, Bologna, 1897–98; a French edition also appeared)].

Fritz Mücke, *1866–1870/71. Erinnerungen eines alten Garde-Jägers* (Neudamm, 1899).

[G—— Müller], *Preussens Heerführer in den glorreichen Feldzügen 1866 und 1870/71* (1 volume published, Altona and Hamburg, [1873]). [Only the 1866 volume appeared.]

R[udolf] Müller, *Lose Tagebuchsblätter zwischen Krieg und Frieden. Gedenkbuch aus der Kriegsperiode 1866 zusammengetragen* (Reichenberg, 1866). [The experiences of northeast Bohemia under the Prussians.]

[W.] H. [G.] von Müller, *Kriegerisches und Friedliches aus den Feldzügen von 1864, 1866 und 1870/71*, edited by his family (Berlin, 1909). [Prussian general staff officer, author of the artillery works in the Prussian regimental history section.]

G. H. Count von Münster [-Ledenburg], *Mein Antheil an den Ereignissen des Jahres 1866 in Hannover* (1st–2nd editions, Hanover, 1868). [Pro-Prussian Hanoverian diplomat.]

—— van Muyden, *Im Felde* (Berlin, [1866?]). [2nd Prussian Grenadier Guards Regiment volunteer.]

Aus der Nachlaß des k.u.k. Generals der Kavallerie Emmerich Prince zu Thurn und Taxis (Vienna and Leipzig, 1901). [2nd Austrian Light Cavalry Division commander.]

Jul[ius] Naundorff, *Under der rothen Kreuz. Fremde und eigene Erfahrungen auf böhmischer Erde und den Schlachtfeldern der Neuzeit gesammelt* (Leipzig, 1867).

Walter Nemetz, "Die militärische Laufbahn des Grafen Alexander Mensdorff," (PhD. dissertation, Universität Wien, 1937). [Austrian general and foreign minister.]

Karl Netzwal, "Feldzugsmeister August Graf Degenfeld-Schonburg (1798–1876)," (PhD. dissertation, Universität Wien, 1971). [Austrian general and commander of the Danube defence lines. Like the preceding work, by a noted Austrian military historian.]

C—— Nissel, *Von Nachod bis Josephstadt. Erinnerungen an der glorreichen Feldzug 1866, mit besonderer Berücksichtigung des Konigs-Grenadier-Regiments, nebst dessen Verlustliste* (Leignitz, 1866).

Hermann Otto, *Julius von Bose, preußischer General der Infanterie* (Berlin, 1898). [4th Prussian Corps brigadier.]

Guido Pantanelli, *Ricordi della campagna di Garibaldi nel 1866: memorie di un volontario* (Città di Castello, 1916).

Bernhard Pauer, *Trautenau 1866. Erinnerungen, Erlebnisse und Schriftstücke aus dem Kriegsjahr in und bei Trautenau* (Trautenau, 1891). [Local doctor. Important for colour on the battle and aftermath.]

Friedrich Pautska, *Erinnerungen an Garnison und Schlachtfeld* (Dresden, 1868).

G[erhard] von Pelet-Narbonne, *Aus den Tagebuche eines preussischer Korpsadjutant im böhmischen Feldzuge 1866* (Vienna, 1908). [Author of the works on the Prussian cavalry {q.v.}.]

M. [C. T.] Peltzer, *Militärärztliche Kriegserinnerungen an 1866 und 1870/71* (Berlin, 1914).

L'ammiraglio Carlo di Persano nella campagna navale dell'anno 1866: confutazioni, schiarimenti e documenti (Turin, 1872).

Ugo Pesci, *Custozza: ricordi di un ex-granatiere* (Florence, 1879).

———, *Il re martire. La vita ed il regno de Umberto I. Date annedoti ricordi 1844–1900* (1st edition, Bologna, 1900; 2nd edition, Bologna, 1902). [16th Division commander, Italian Mincio Army.]

H. G. Peter, *Kriegserlebnisse eines preussischen Landwehrmannes 1866* ([Meissen], 1870-71).

W[ilhelm] Petsch, *Heldenthaten preußischer Krieger und Charakterbilder aus dem Feldzuge von 1866* (Berlin, 1867).

———, *1866! Aus dem Feldtagebuche eines preußischen Unteroffiziers* (Berlin, 1867).

Richard [F. A.] Count Pfeil[-Burghausz], *Zwischen den Kriegen. Meine ersten Jahre im Ersten Garde-Regiment zu Fuss 1864 bis Anfang 1870* (1st–2nd editions, Schweidnitz, [1912]).

Albert Pfister, *Deutsche Zweitracht. Erinnerungen aus meiner Leutnantszeit* (3 volumes, Stuttgart, 1902). [Württemberg lieutenant. Volume 3 covers 1865–66.]

Martin Philippson, *Das Leben Kaiser Friedrichs III* (1st edition, Berlin, 1900; 2nd edition, Wiesbaden, 1908). [Prussian crown prince.]

Salvatore Pianell, *Il generale Pianell: memorie, lettere e ricordi publici da Eleonora Pianell Ludolf, 1859–1902* (Florence, 1902). [2nd Division commander, Italian Mincio Army.]

Emanuele Prasca, *L'ammiraglio Simone de Saint-Bon* (Rome, 1906). [Captain of the *Formidabile* during the Lissa campaign.]

John Presland [Gladys Skelton], *Vae victis. The life of Ludwig von Benedek, 1804-1888* (London, 1934). [The only major life in English. Badly in need of supersession.]

Fedor von Rauch, *Briefe aus dem großen Hauptquartier der Feldzüge 1866 und 1870/71 an die Gattin*, edited by Fedor von Rauch Jr (Berlin, 1911).

Joseph Redlich, *Emperor Franz Joseph of Austria. A biography* (New York, 1929). [still the best study. The original is *Kaiser Franz Joseph von Österreich. Eine Biographie* (Berlin, 1928).]

Oskar Regele, *Feldzugmeister Benedek. Der Weg nach Königgrätz* (Vienna and Munich, 1960). [The best good modern account in German.]

J. P. Richter, *Am Elbestrand 1866. Erinnerungen* (Gera, 1906).

Werner Richter, *Ludwig II. König von Bayern* (1st edition Erlenbach and Zürich, 1939; 3rd edition, Munich, 1950; 5th edition, Munich, 1958; 6th edition, Munich, 1963). [Best work in German on this tortured monarch.]

Friedrich Rieger, *Oberst David Baron Urs de Margina bei Solferino und auf Lissa* (Vienna, 1898). [Commander of Austrian defences at Lissa; a reprint from an article in *Österreichische Militärische Zeitschrift* (Vienna), 1898.]

[A. T. E. Count Roon], *Denkwürdigkeiten aus dem Leben des General-Feldmarschalls Kriegsminister Graf von Roon*, edited by Waldemar Count von Roon (3 volumes, 1st edition, Berlin, 1892; 2nd edition, Breslau, 1897; 3rd–5th editions, Berlin, 1905). [Prussian war minister.]

Robert Rostok, *Furchtlos und treu* (2nd edition, Marburg, 1897). [Duke Wilhelm of Württemberg, 2nd Austrian Corps brigadier.]

Hier[onmyus] von Roth, *Achtzig Tage in preussischer Gefangenschaft und die Schlacht bei Trautenau am 27. Juni 1866* (1st edition, Prague, 1867; 2nd edition, Trautenau and Teschen, [1884]). [Mayor of Trautenau, arrested by the Prussians for treason (!).]

[Ferdinand and Maximilian von Rottauscher], *Als Venedig österreichisch war. Erinnerungen zweier Offiziere*, edited by Paul Rohrer (1st–2nd editions, Stuttgart, 1914; 4th edition, Stuttgart, 1916). [Austrian naval and cavalry officers, edited by a noted writer who was a son of Ferdinand. Maximilian's reminiscences have been reprinted as *Als Venedig österreichisch war* (Vienna, 1966) and translated by Stuart Sutherland as *With Tegetthoff at Lissa: the memoirs of an Austrian naval officer, 1861–1866* (Toronto, 2001).]

Daniel Freiherr von Salis-Soglio, *Mein Leben und was ich davon erzählen, will, kann und darf* (2 volumes, Stuttgart and Leipzig, 1908). [Austrian engineer officer. Volume 1 covers 1826–66. An annotated translation of the 1859–66 period by Stuart Sutherland is *An Austrian engineer in peace and war: the memoirs of Daniel Freiherr von Salis-Soglio, 1859–1866* (Toronto, 2001, with additions).]

Tommasso Sandonnini, *In memoria di Enrico Cialdini: notizie e documenti* (Modena, 1911).

Carlo Fettarappa Sandri, *Il generale Salvatore Pianell* (Milan, 1938).

Paul Sauer, *Regent mit mildem Zepter. König Karl von Württemberg* (Stuttgart, 1999) [A balanced picture by one of Württemberg's more noted historians.]

L—— von Schölzer, *Generalfeldmarschall Freiherr von Loë* (Stuttgart, 1914).

Arthur Count Seher-Thosz, *Erinnerungen aus meinem Leben* (Berlin, 1881). [Klapka Legion chief of staff.]

Aus der Selbstbiographie des Feldmarschalleutnants Hugo Freiherrn von Weckbecker, edited by Wilhelm Freiherr von Weckbecker (Berlin, 1929). [9th Austrian Corps brigadier.]

H. F. W. A. von Schack, *Ein Bierreise nach Bayern: Briefe aus der 1866er Feldzug*, edited by Uta von Pezold (Turnau, 1981).

Erwin Schatz, *Ein Leben für die Marine. Maximilian Freiherr von Sterneck, der Admiral aus Klagenfurt* (Klagenfurt, 1997).

C. H. Schauenburg, *Erinnerungen aus dem preussischen Kriegslazarethleben von 1866* (Altona, 1869).

[S. W. L.] von Schlichting, *Moltke und Benedek. Eine Studie über Truppenführung zu den "Taktischen und strategischen Gründsatzen der Gegenwart"* (Berlin, 1900). [Critical of the work of Friedjung {q.v.}; well received in Germany.]

Alfred Graf von Schlieffen. Briefe, edited by Eberhard Kessel (Göttingen, 1958). [Prussian cavalry captain.]

Ernst Schmidt, *General der Infanterie Graf von Werder. Ein Lebens- und Charakterbild* (Oldenburg, 1912). [3rd Division commander, I Prussian Army.]

Louis Schneider, *Aus dem Leben Kaiser Wilhelms 1849–1873* (3 volumes, Berlin, 1888). [By the king's reader, who was present with headquarters during the campaign.]

Heinrich von Schönfels, *Erlebnisse Heinrich von Schönfels' als Generalstabsoffizier bei den Avantgarden-Cavallerie 1866 und 1870*, edited by Lina von Schönfels (Berlin, 1903). [General staff captain with the cavalry division of I Prussian Army.]

Bernhard Schreyer, *Vor 40 Jahren. Erinnerungen eines alten sächsischen Reiters. Garnison-, Manöver und Kriegsbilder* (Dresden, 1905).

—— Staamann, *Militärärztliche Fragmente und Reminiscenzen aus dem österr.-preuss. Feldzuge 1866* (Berlin, 1868).

G—— Sternberg, *Wir lust'gen Hannoveraner! Kriegs- und Friedenserlebnisse eines hannoverschen Jägers* (Nienburg, 1897). [2nd edition, Nienburg, 1897, is entitled *Beim 3. Jäger Bataillon. Ernste und heitere Erinnerungen eines hannoverschen Jägers aus den Kriegsjahren 1864 und 1866*.]

P—— Stiefelhagen, *Ein Pädagoge im Kriege. Erinnerungen aus den Jahren 1866 und 1870/71* (Strassburg, 1906).

[F. A. Strebberg], *In Süd-Carolina und auf der Schlachtfelde von Langensalza* (2nd edition, Hanover, 1869).

Richard Freiherr von Strombeck, *Fünfzig Jahre aus meinem Leben* (Leipzig, 1894).

Albert von Suckow, *Aus meinem Leben* (Strassburg, [1894]). [Württemberg major at Bavarian army headquarters.]

———, *Rückschau des königliches württemburgischen General der Infanterie und Kriegsminister von Suckow*, edited by Wilhelm Busch (Tübingen, 1909).

[Wilhelm von Tegetthoff], *Aus Wilhelm von Tegetthoff's Nachlaß*, edited by Adolf Beer (Vienna, 1882).

———, *Tegetthoffs Briefe an seiner Freundin* (Vienna, 1926). [Written to the wife of the Prussian consul in Trieste.]

Oscar Teuber, *Feldmarschall Erzherzog Albrecht. Ein Lebensbild* (Vienna, 1895).

Leopold Count Thurn-Valsassina, *Vierzig Jahre nach Königgrätz. Nach Tagebuchblättern* (Vienna, 1907) [3rd Austrian Lancer Regiment lieutenant.]

[K. F. F.] Freiherr von Torresani von Lanzenfeld, *Von der Wasser- bis zur Feuertaufe. Werde- und Lehrjahre eines österreichischer Offiziers* (2 volumes, 1st edition, Dresden, and Leipzig, 1900; 2nd–4th editions, Berlin, 1900–1). [13th Austrian Lancer Regiment lieutenant.]

Unter Habsburgs Kriegsbanner. Feldzugserlebnisse aus der Feder von Mitkämpfern und Augenzugen, edited by —— Freiherr von Dietl (6 volumes, Dresden and Vienna, 1898–1900).

Ugo Vaglia, *1866 da Salò a Bezzecca; testimoniaze e memorie garibaldini* (Brescia, 1966).

Theodor Vatke, *Mein Sommer unter der Waffen. Auszeichnungen und Erinnerungen aus dem böhmischen Feldzug im Jahre 1866* (Berlin, 1867). [2nd Prussian Grenadier Guards Regiment volunteer lance corporal.]

Giuseppe Verardo, *In memoria di Alfredo Cappellini (1828–1866)* (Messina, 1904). [Captain of *Palestro* at Lissa.]

[J. A. F. W.] Verdy du Vernois, *Im Hauptquartier der II. Armee 1866* (Berlin, 1900). [II Prussian Army general staff major.]

Luchino Count dal Verme, *Il generale Govone a Custoza* (2nd edition, Rome, 1902).

[Maximilian] von Versen, *Aus zwei Kriegen. Selbsterlebtes aus 1866 und 1870/71* (Berlin, no date). [II Prussian Army general staff captain.]

[C. B. von Voigts-Rhetz], *Briefe des Generals der Infanterie von Voigts-Rhetz aus den Kriegsjahren 1866 und 1870/71*, edited by Alexander von Voigts-Rhetz (Berlin, 1906). [I Prussian Army chief of staff.]

Hans Wachenhusen, *Tagebuch vom österreichischen Kriegsschauplatz* (1st–4th editions, Berlin, 1866). [Well-known journalist and writer.]

Alfred Count von Waldersee, *Denkwürdigkeiten*, edited by H. O. Meisner (3 volumes, Berlin, 1922–25). [Prussian general staff field officer with royal headquarters. Volume 1 covers 1828–88.]

C. P. B. Walker, *Days of a soldier's life...* (London, 1896). [British military attaché with II Prussian Army.]

H. L. W. K. A. F. Count Wartensleben-Canow, *Erinnerungen während der Kriegszeit 1866* (Berlin, 1897). [Prussian general staff major.]

[Ludwig Freiherr Wattmann-Maelcamp-Beaulieu], *53 Jahre aus einem bewegten Leben* (2nd edition, 3 volumes in 1, Vienna, 1904). [6th Austrian Hussar Regiment commander. Volume 2 covers the 1866 campaign, but it has little of interest.]

Richard Wellmann, *Das Leben des Generallieutenants Heinrich Wilhelm von Horn* (Berlin, 1890). [8th Division commander, I Prussian Army.]

Karl Went von Römö, *Ein Soldatenleben. Erinnerungen eines österreichisch-ungarischen Kriegesmannes* (Leipzig, 1904). [9th Austrian Rifle Battalion captain; fairly brief.]

B—— von Werder, *Erlebnisse eines Johanniter-Ritters auf dem Kriegsschauplatze in Böhmen* (Halle, 1867).

August Werkmann, "Erzherzog Albrecht und Benedek," (PhD. dissertation, Universität Wien, 1946).

Eduard von Wertheimer, *Graf Julius Andrássy. Sein Leben und seine Zeit* (Stuttgart, 1910). [Hungarian politician; covers to 1871.]

[A. H. T.] Freiherr von Werthern, *General von Versen. Ein militärisches Zeit- und Lebensbild* (Berlin, 1898). [II Prussian Army general staff captain.]

F. E. Whitton, *Moltke* (London, 1921). [Remains the best study in English.]

Leopold von Winning, *Erinnerungen eines preussischen Leutnants aus den Kriegsjahren 1866 und 1870/71* (Heidelberg, 1911).

C[arl] von Winterfeld, *Preußens kommandirende Generale. Lebensbilder* (Berlin, 1869).

Emil Woinovich von Belobreska, *Benedek und sein Hauptquartier im Feldzug 1866* (Vienna, 1911). [by a general and historian.]

[Ernst Count Wurmbrand-Stuppach], *Ernst Wurmbrand: ein Leben für Alt-Österreich*, edited by Lorentz Mikoletzy (Vienna, 1988). [8th Austrian Cuirassier Regiment lieutenant. Not very reliable.]

Gebhard Zernin, *Ludwig IV. Grossherzog von Hessen und bei Rhein. Ein Lebenbild...* (Darmstadt, 1898). [Grand Ducal Hessian cavalry commander.]

———, *Ludwig Freiherr von und zu der Tann-Rathsamhausen* (Munich, 1883). [Bavarian general staff chief.]

F—— Zoltan, *Franz Deák's Leben* (3 volumes, no place, 1905). [Hungarian politician.]

Section 4

Reference works

Biographical and general sources

Allgemeine deutsche Biographie (55 volumes and index, Berlin, 1875–1912). [The most important general contemporary source for major German figures, although some Austrians are covered. The quality varies quite a bit; it is not unusual to have bare-bones or hagiographic texts.]

Biographisches Wörterbuch zur deutschen Geschichte, edited by Helmuth Rössler et al. (3 volumes, 3nd edition, Munich, [1973?]–75).

Bosls bayerische Biographie. 8000 Persönlichkeiten aus 15 Jahrhunderten (Regensburg, 1983). [Very brief notices.]

Deutsche Biographische Enzyklopädie, edited by Walther Killy et al. (10 volumes, 1 supplement, indexes, Munich, 1995). [Brief, basic notices of major figures good for quick reference.]

Dizionario biografico degli Italiani (60 volumes to date, Rome, 1960—). [The standard source. The series has reached Gug.]

Dizionario del risorgimento nazionale; dalle origini a Roma capitale; fatte e persone, edited by Michele Rossi et al. (4 volumes, Milan, 1930–37). [Volume 1 covers events; volume 2, people A–D; volume 3, people E–Q; volume 4, people R–Z.]

Hermann Haupt et al., *Hessische Biographie* (3 volumes, Darmstadt, 1924–34).

J—— Hirtenfeld, *Die Militärischen Maria-Theresien-Orden und seine Mitglieder* (Vienna, 1857). [For officers decorated before 1866 but still active then.]

Militärischen Maria-Theresien-Orden. Neue Folge 1850-1900, edited by J[ohann] Lukeš (1st edition, Vienna, 1890; 2nd edition, Vienna, 1891). [There is also a *Maria-Theresien-Orden mit Berichtigung und Nachträge* (Vienna, 1902). Both are very useful, but as might be expected are not prone to criticism.]

Neue deutsche Biographie (21 volumes to date, Berlin, 1953—). [Longer, more detailed entries than *Deutsche Biographische Enzyklopädie*, and with bibliographies. The series has reached Roh.]

Neue österreichische Biographie 1815-1918 (22 volumes to date, Vienna, 1925—). [Major figures; useful bibliographies.]

Steel engraving of Benedek from *Militärischen Maria-Theresien-Orden. Neue Folge 1850-1900*, edited by J[ohann] Lukeš (Collection of Duncan Rogers)

Österreichisches biographisches Lexikon 1815-1950 (56 parts to date, Graz, 1957—).
[Short, basic entries on notable figures, with bibliographies. The series has reached
Sieg.]

B[ernhard] von Poten, *Die Generale der königlich hannoverschen Armee und ihrer
Stammtruppen* (Berlin, 1903).

Kurt von Priessdorf, *Soldatisches Führertum* (10 volumes, Berlin, 1938–42). [Very
useful for Prussian general officers, although not well organized and uncritical.]

Almerico Ribera, *I combattimenti*, volume 5, series 12 of *Il risorgimento italiano,
Enciclopedia biografica e bibliografica "Italiana"* (Rome, 1945). [Short and not very
detailed entries; does not treat all important figures.]

Wilhelm Rothert, *Allgemeine hannoversche Biographie* (3 volumes, Hanover, 1910–12).

Sächsische Lebensbilder (4 volumes, Dresden, 1930-41).

Antonio Schmidt-Brentano, *Die österreichischen Admirale* (3 volumes, Osnabrück,
1997–99). [Volume 1 covers admirals appointed 1808–95, volume 2 appointed
1896–1914. Very good.]

*Stammregister und Chronik des kur- und königlich sächsichen Armee von 1670 bis zum
Beginn des zwanzigsten Jahrhunderts*, edited by H. A. Verlohren et al. (Leipzig,
1910; reprinted Neustadt an der Aisch, 1983). [Brief notices on careers and family
relationships. Not comprehensive; concentrates on aristocrats.]

Friedrich von Wreech et al., *Badische Biographien* (6 volumes, Heidelberg and
Karlsruhe, 1875–1906).

Constantin von Wurzbach [Ritter von Tannenberg], *Biographisches Lexikon des
Kaiserthums Österreich* (60 volumes, Vienna, 1856–91). [Large amount of
information, especially on members of the more important noble families. Because
of the starting date of publication, those 1866 personalities with names in the first
part of the alphabet are not well covered.]

Christian Zweng, *Die Ritter des Ordens Pour le Mérite 1740–1918* (Osnabrück, 1998).
[Basic.]

Organizational sources

C. [W. C.] von Bredow, *Historische Rang- und Stammliste des deutschen Heeres* (Berlin,
1905; reprinted in 3 volumes, Krefeld, 1974). [The reference bible of German
armies from the 17th to 20th centuries.]

Heinz Helmert, *Militärsystem und Streitkräfte im deutschen Bund am Vorabend des preußisch-österreichisches Krieges von 1866* (East Berlin, 1964). [A very useful analysis.]

Bernhard von Poten, *Geschichte des Militär-Erziehungs- und Bildungswesen im den Landen deutscher Zunge* (5 volumes, Berlin, 1891–97; reprinted Osnabrück, 1982). [Volume 1 covers Baden to Brunswick, volume 2 Hanover to Oldenburg, volume 3 Austria, volume 4 Prussia, volume 5 Saxony to Württemberg. Mainly for courses and teaching, but with some organizational material. Comprehensive.]

Bernd Philipp Schröder, *Die Generalität der deutschen Mittelstaaten 1815–1870* (2 volumes, Osnabrück, 1984). [A helpful sociological study.]

D. E. Showalter, *Railroads and rifles: soldiers, technology and the unification of Germany* (Hamden, Connecticut, 1975; reprinted 1986). [Main focus on Prussia. Written with flair and understanding.]

Stuart Sutherland, *The organization of the German state forces in 1866* (Toronto, 2001).

Gunther Voigt and Günter Wegner, *Deutschlands Heere bis 1918. Ursprung und Entwicklung der einzelen Formationen* (11 volumes, Osnabrück, 1981–87). [Good potted guide to formations from infantry to pioneers.]

Günter Wegner, *Stellenbesetzung der deutschen Heere 1815–1939* (4 volumes, Osnabrück, 1990). [Basic information on appointments of colonels of regiments and above.]

Elmar Wienhöfer, *Das Militärwesen des deutschen Bundes und das Ringen zwischen Österreich und Preussen um die Vorherrschaft in Deutschland 1815–1866* (Osnabrück, 1973). [General study of organizational matters which focuses on the rivalry between the great powers.]

Section 5

State organizational and unit histories

S ub-sections are on general works and specific units. The second sub-section is organized by infantry and rifles, cavalry, artillery and technical and miscellaneous. Histories are arranged by unit number and in the cavalry by cuirassiers, dragoons, hussars and lancers. I have tried to identify the most useful sources, and as a result not all histories are included. If there are no histories for a state its name is not given. If the only edition is a so-called men's edition, written in a simple and patriotic style to teach unit pride to the men of the formation, this is noted.

Anhalt
[Hans] Küster, *Geschichte des anhaltischen Infanterie-Regiments Nr.93* (2 volumes, Berlin, 1893–95) [Volume 2 covers 1860–95.]

Austria
General works
J.-C. Allmayer-Beck, *Die k. (u.) k. Armee 1848–1914* (Vienna, 1974). [Heavily illustrated.]

Jakob Amstadt, "Die k.u.k. Militärgrenze 1522–1881," (PhD. dissertation, 2 volumes, Universität Würzburg, 1969).

Gilbert Anger, *Illustrirte Geschichte der k.k. Armee …* (3 volumes in 2, Vienna, 1886–87).

Austria, Statistical Bureau, *Übersicht der sich ergebenen factische Verluste der k.k. Armee im Doppel-Feldzug des Jahres 1866* (Vienna, 1867).

Austria, War Ministry, *Militär-Schematismus des kaiserlichen Heeres für das Jahr 1866* (Vienna, 1866). [The yearly army list; with additions, good to the start of May.]

[Eduard Ritter Bartels von Bartberg], *Oesterich und seiner Heer* (Leipzig, 1866).

R. [H. O. R.?] Brix, *Das österreichische Heer in seiner Organisation und Stärke … und in seinem taktischen Formen im Jahre 1866* (2 parts, Berlin, 1866).

———, *Tableau der gesammten kaiserl. königl. oesterrichischen Armee … für das Jahre 1866* (Berlin, [1866]). [A chart.]

MILITÄR-

SCHEMATISMUS

DES

ÖSTERREICHISCHEN KAISERTHUMES

FÜR

1866.

WIEN.

AUS DER K. K. HOF- UND STAATSDRUCKEREI.

—

APRIL 1866.

Title page to the Austrian Army List for 1866 (Collection of Duncan Rogers)

Hein[rich] von Bülow, *Zum 40-Jahr-Gedenkfeier der siegreichen österreichischen Südarmee und Kriegsmarine im Jahre 1866* (Vienna, 1906).

—— Dencze, *Sanitätsdienst bei der österreichische Nordarmee im Jahr 1866* (Budapest, 1980).

Joseph Fleischer, *Geschichte der k.k. Kriegsmarine während des Krieges im Jahre 1866* (Vienna, 1902).

A[rnold] Kövess von Aszód von Harkály, *Die Organisation und Militär-Administration der k.k. Armee* (18 parts, Vienna, 1862–66) [By an officer in the War Ministry].

[Joseph Ritter von Hoffinger], *Lorbeer und Cypressen von 1866. Nordarmee* (Vienna, 1868).

Karl Lang, *Ursachen der Mißerfolge der österreichischen Armee in den Feldzügen 1859 und 1866 (in Böhmen)* (Vienna, 1912).

Joachim Niemeyer, *Das österreichische Militärwesen im Umbruch. Untersuchungen zum Kriegsbild zwischen 1830 und 1866* (Osnabrück, 1979).

Das östreichische Armee in dem letzten Kriege. Einige Beiträge zur Kritik der östreichischen Feldzüge gesammelt von einer Deutschöstreichischer (Leipzig, 1867).

F[erdinand] Petrossi, *Das Heerwesen des österreichischen Kaiserstaates* (2 volumes, Vienna, 1865). [By a general staff captain. Volume 1 is on organization and administration, volume 2 on rules of service and tactics.]

G. E. Rothenburg, *The army of Francis Joseph* (West Lafayette, Indiana, 1976).

Antonio Schmidt-Brentano, *Die Armee in Österreich. Militär, Staat und Gesellschaft 1848–1867* (Boppard am Rhein, 1975).

V[ictor] Silberer, *Die Generalität der k.k. Armee* (Vienna, 1877).

L. J. Sondhaus, *The Habsburg empire and the sea: Austrian naval policy, 1797–1866* (West Lafayette, Indiana, 1989).

Stuart Sutherland and Ralph Weaver, *The Austrian army of the Seven Weeks' War of 1866* (Toronto, 2002).

Oscar Teuber, *Die österreichische Armee von 1700–1867* (Vienna, 1895; reprinted in 2 volumes, Graz, 1971).

Andreas Thürheim, *Gedenkblätter aus der Kriegsgeschichte der k.k. oesterreichischen Armee* (3 volumes, Vienna, 1880).

Verlustlisten der österreichischen Süd- und Nordarmee im Feldzuge vom Jahre 1866 (2 volumes, Prague, 1866).

Walter Wagner, *Von Austerlitz bis Königgrätz. Österreichische Kampftaktik im Spiegel der Reglements 1805–1864* (Osnabrück, 1978).

Alphons Freiherr von Wrede, *Geschichte der k. und k. Wehrmacht. Die Regimenter, Corps, Branchen und Anstalten von 1618 bis Ende des XIX. Jahrhunderts* (5 volumes, Vienna, 1898–1905; reprinted Bad Starnberg, 1985). [The reference bible of the army. A sixth volume, containing the high command and the household troops and reproduced from a manuscript, edited by Peter Broucek et al., is Vienna, 1988. The technical troops and transport are not covered.]

Georg Zivkovic, *Die kaiserliche, ab 1806 österreichische, ab 1868 österreichische-ungarische höhere Generalität und Admiralität 1600 bis 1918* (Vienna, 1985).

Large formations
Heinrich Ritter von Ambrozy, *Die Kavalleriebrigade Fratricsevics in der Zeit von 14.V.–4. VII.1866* (Vienna, 1907).

Infantry and rifles
Cajetan Pizzighelli, *Geschichte des k.k. Infanterie-Regimentes Kaiser Franz Josef Nr.1. 1716–1881* (Troppau, 1881). [Bohemia]

Ludwig Kirchthaler, *Geschichte des k. u. k. Infanterie-Regimentes Nr.2, für immerwährende Zeiten Alexander I. Kaiser von Russland* (Vienna, 1895). [Bohemia]

Julius Stanka, *Geschichte des k. und k. Infanterie-Regimentes Erzherzog Karl Nr 3* (3 volumes, Vienna, 1894). [Bohemia]

Gustav [A.] Ritter Amon von Treuenfest, *Geschichte des k.k. Infanterie-Regiments Hoch- und Deutschmeister Nr.4. Ergänzungs-Bezirk-Station Wien* (Vienna, 1879). [Bohemia]

Heinrich Filek von Wittinghausen und Szatmarvar et al., *Geschichte des k. und k. Infanterie-Regiments Nr.5, gegenwärtig Ludwig II., König von Bayern* (Vienna, 1890). [Italy]

[Alexander Ulmansky], *Geschichte des k. und. k. Infanterie-Regiments Karl I., König von Rumanien, Nr.6. 1851–1907* (Budapest, 1908). [Bohemia]

Gustav [A.] Ritter Amon von Treuenfest, *Geschichte des kaiserl. und königl. kärnthnerischen Infanterie-Regiments Feldmarschall Graf von Khevenhüller Nr.7. (1619–1890)* (Vienna, 1891). [Italy]

Anton Gartner Edler von Romansbrück et al., *Geschichte des k.u.k. Infanterie-Regimentes No 8* (3 volumes in 1, Brünn, 1892). [Volume 3 covers 1792–1892.] [Bohemia]

August Netoliczka et al., *Geschichte des k. und k. Infanterie-Regimentes Feldmarschall Carl Joseph Graf Clerfayt de Choix (Nr.9)* (Jaroslau, 1894). [Bohemia]

Schicksale und Leistungen der k.k. 9. Linien-Infanterie-Regiment Graf Hartmann Klarstein im Doppel-Feldzuge 1866 (Prague, 1870). [Bohemia]

Geschichte des k.k. Infanterie-Regiments Oskar II. Friedrich König von Schweden und Norwegen No 10 von seiner Errichtung 1715 bis November 1888 (Vienna, 1888). [Bohemia]

Geschichte des k.k. Infanterie-Regiments Georg Prinz von Sachsen Nr.11 (1630–1878), edited by Franz Jaeger (Teschen, 1879). [a translation of the 1866 section by Stuart Sutherland is *War in the Tyrol: the history of the 11th Austrian Infantry Regiment during the campaign of 1866* (Toronto, 2001, Solihull, 2010).] [Italy]

Geschichte des kais. kon. Infanterie-Regiments Erzherzog Wilhelm Nr. 12, compiled by Archduke Johann (3 volumes in 2, Vienna, 1877–80). [Volume 3 covers to 1880.] [Bohemia]

Friedrich Mandel, *Geschichte des k. u. k. Infanterie-Regiments Guidobald Graf von Starhemberg Nr.13* (2 volumes, Cracow, 1893). [Bohemia]

V[ictor] Grois, *Geschichte des k.k. Infanterie-Regiments Nr.14 Großherzog Ludwig III. von Hessen und bei Rhein von der Errichtung. 1733–1876* (Linz, 1876). [Bohemia]

Johann Lukeš, *Wie die Hesser in der Schlacht bei Königgrätz kämpften* (no place, 1895).

Ludwig Rona, *Geschichte des k.u.k. Infanterie-Regimentes Adolf Grossherzog von Luxemburg, Herzog zu Nassau Nr.15. 1701–1901* (Prague, 1901). [Bohemia]

K.-F. Sirowy, *Kurze Geschichte des Warasdiner Infanterie-Regiments Nr.16 und des bestandenen Grenz-Infanterie-Regimenter 5 und 6* (Agram, 1903). [Germany]

Ferdinand Strobl, Edler von Ravelsberg, *Geschichte des k. und k. Infanterie-Regiments Ritter von Milde Nr.17. 1684–1910* (2 volumes, Laibach, 1911). [Italy]

Gustav [A.] Ritter Amon von Treuenfest, *Geschichte des k.k. Infanterie-Regiments Nr.18 Constantin Grossfürst von Russland von 1682 bis 1882* (Vienna, 1882). [Bohemia]

[H. F. W. A. Freiherr von Forstner], *Geschichte des k.k. Linien-Infanterie-Regimentes Kronprinz Rudolf Nr.19* (Vienna, 1878). [Italy]

Gustav [A.] Ritter Amon von Treuenfest, *Geschichte des k.k. Infanterie-Regimentes Nr.20 Friedrich Wilhelm, Kronprinz des deutschen Reiches und Kronprinz von Preussen ...* (Vienna, 1878). [Bohemia]

[Vincenz Bayerer], *Erinnerungen aus der Geschichte des k.u.k. Infanterie-Regiments Nr.21* (2nd edition, [Czaslau], 1900).

J[ohann Freiherr von] Roscher-Rath, *Erläuterungen zum Erinnerungens-Blatte des k. und k. Infanterie-Regiment Graf von Abensperg und Traun Nro 21* (Kuttenberg, 1900). [Bohemia and Germany]

Gustav Hubka von Czcrnczitz, *Geschichte des k. und k. Infanterie-Regiments Graf von Lacy Nr.22 von seiner Errichtung bis zur Gegenwart* (Zara, 1902). [Italy]

Geschichte des k. und k. Infanterie-Regiments Markgraf von Baden Nr.23 (2 volumes, Budapest, 1911). [Volume 1 covers 1672–1881.] [Bohemia]

Wilhelm Procházka, *Geschichte des k.k. Infanterie-Regimentes FML. Wilhelm Freiherr von Reinländer Nr.24. Von dessen Errichtung bis in die Gegenwart* (Vienna, [1886]). [Bohemia]

[Alois Trautsch], *Geschichte des k.k. 25. Infanterie-Regiments Freiherr Lazarus von Mamula (1672-1871) ... .* (Prague, 1875). [Bohemia]

Alphons Freiherr von Wrede, *Geschichte des k.u.k. Infanterie-Regimentes Michael Groszfürst von Ruszland Nr.26 von seiner Errichtung bis zur Gegenwart. 1717–1909* (Raab, 1909). [Bohemia]

[Carl Edler von Prybila], *Geschichte des k.k. Infanterie-Regiments Leopold II., König der Belgier Nr.27 von dessen Errichtung 1682 bis 1882* (Vienna, 1882). [Bohemia]

Emil Schmedes, *Geschichte des k.k. 28. Infanterie-Regimentes F.Z.M. Ludwig Ritter von Benedek* (Vienna, 1878). [Italy]

Rudolf von Hödl, *Geschichte des k. und k. Infanterie-Regimentes Nr.29 auf immerwährende Zeiten Gideon Ernst Freiherr von Loudon* (Temesvár, 1906). [Italy]

Emil Ritter Hailig von Hailingen, *Geschichte des k. und k. Infanterie-Regiments Nr.30* (Lemberg, [1896]). [Bohemia and Germany]

Károly von Blazekovič, *Geschichte des k.k. 31. Linien-Infanterie-Regiments, gegenwärtig Grossherzog Friedrich Wilhelm von Mecklenburg-Strelitz* (Vienna and Fiume, 1867–69). [A second edition, adding Julius Pössl, is *Chronik des k.u.k. Infanterie-Regiments Nr.31* (2 volumes, no place, 1909).] [Italy]

Emil Seeliger, *Geschichte des k.u.k. Infanterie-Regiments Nr.32, für immerwährende Zeiten: Kaiserin und Königin Maria Theresa. Von seiner Errichtung 1741 bis 1900* (Budapest, 1900). [Bohemia]

Ferdinand Eberhart, *Geschichte des k.k. 33. Infanterie-Regiment (1741–1878)* (Ungarisch-Weißkirchen, 1888). [Bohemia]

Julius Kreipner, *Geschichte des k.u.k. Infanterie-Regimentes Nr.34 für immerwährende Zeiten Wilhelm I., deutscher Kaiser und König von Preussen. 1733–1900* (Kaschau, 1900). [Bohemia]

Josef May, *Geschichte des kaiserliche und königlichen Infanterie-Regiments No 35* (Pilsen, 1901). [a translation of the 1866 section by Duncan Rogers is Solihull, 1999.] [Bohemia]

Geschichte des k.k. 36. Linien-Infanterie-Regiments (Prague, 1875). [Italy]

Edmund Finke, *Geschichte des k.u.k. ungarischen Infanterie-Regimentes Nr.37 Erzherzog Joseph* (2 volumes, Vienna, 1896). [Bohemia]

[Josef Freiherr von Spiegelfeld], *Geschichte des kaiserlichen und königlichen Infanterie-Regimentes Freiherr von Mollinary Nr.38 seit seiner Errichtung 1725 bis 1891* (Budapest, 1892). [Bohemia]

Rudolf Mayer, *Geschichte des k.k. Infanterie-Regiments Nr.39, gegenwärtig Großfürst Alexis von Rußland, von seiner Errichtung 1756 bis Ende 1875* (Vienna, 1875). [Italy]

Oskar Posselt, *Geschichte des k.u.k. Infanterie-Regiments Ritter von Pino Nr.40* (Vienna, 1913). [Bohemia]

Jaromir Formanek and Karl Dvorak, *Geschichte des k.k. Infanterie-Regiments Nr.41, derzeit Josef Freiherr Vecsey de Vecse et Böröllyö-Iságfa, k.k. Feldmarschall-Lieutenant* (3 volumes, Czernowitz, 1886–1905). [volume 2 covers 1807–87.] [Bohemia]

Eduard Linke, *Regiments-Geschichte des Infanterie-Regimentes Nr.42, 1674–1918* (Leitmeritz, 1933).

Friedrich Dengler, *Kurzgefaßte Geschichte des kaiserlichen und königlichen Infanterie-Regiments Rupprecht Prinz von Bayern Nr.43* (Vienna and Leipzig, 1908). [Italy]

Franz von Branko, *Geschichte des k.k. Infanterie-Regiments Nr.44, Feldmarschall Erzherzog Albrecht, von seiner Errichtung 1744 bis 1875* (Vienna, 1875). [Bohemia]

Geschichte des k. und k. Infanterie-Regiments Prinz Friedrich August Herzog zu Sachsen Nr.45 von der Errichtung bis zur Gegenwart (1682–1897), edited by Alfons Dragoni Edler von Rabenhorst (Brünn, 1897). [Bohemia]

Gustav [A.] Ritter Amon von Treuenfest, *Geschichte des k.u.k. Infanterie-Regimentes Nr.46 Feldzugmeister Géza Frh. Fejerváry de Komlós-Keresztes. 1762 bis 1850 erstes Siebenbürger Romanen-Grenz-Infanterie-Regiment Nr.46* (Vienna, 1890). [Bohemia]

———, *Geschichte des k.k. Infanterie-Regiments Nr. 47* (Vienna, 1882). [Bohemia]

Alexander Hold, *Geschichte des k.k. 48. Linien-Infanterie-Regiments von seiner zweiter Errichtung im Jahre 1798 an* (Vienna, 1875). [Italy]

K.u.k. Infanterieregiment Freiherr von Hess Nr.49. 1715–1909 (Brünn and St Pölten, 1909). [Bohemia]

Gustav [A.] Ritter Amon von Treuenfest, *Geschichte des k.k. Infanterie-Regimentes Nr.50 Friedrich Wilhelm Grossherzog von B(aden). 1762 bis 1850 zweites siebenbürger Romanen Grenz-Infanterie-Regimentes Nr.17* (Vienna, 1882). [Italy]

Maximilian Maendl, *Geschichte des k. und k. Infanterie-Regiments Nr.51* (2 volumes, Klausenburg, 1897-99). [Bohemia]

Geschichte des k. und k. 52. Linien-Infanterie-Regiments Erzherzog Franz Carl (Vienna, 1871). [Bohemia]

[Carl Edler von Gebauer and Heinrich Ulrich], *Geschichte des k.k. 53. Infanterie-Regiments Erzherzog Leopold Ludwig* (Tulln, 1881). [Italy]

Walter Ritter von Neuwirth, *Geschichte des k.k. Infanterie-Regimentes Nr.54* (1st edition, Vienna, 1885; 2nd edition, Olmütz, 1894, is entitled *Geschichte des k.u.k. Infanterie-Regimentes Alt-Starhemberg Nr.54*). [Italy]

Julius Beran, *Die Geschichte des k. und k. Infanterie-Regiments Freiherr von Merkl Nr.55* (Vienna, 1899). [Bohemia]

Robert Janota, *Geschichte des k. und k. Infanterie-Regiments Graf Daun Nr.56. (1684–1888)* (Teschen, 1889). [Bohemia]

Josef Maciaga, *Geschichte des k.u.k. galizischen Infanterie-Regimentes Feldmarschall Friedrich Josias Prinz zu Sachsen-Coburg Saalfeld Nr.57* (Vienna, 1898). [Bohemia]

P[aul] Jacubenz, *Geschichte des k.u.k. Infanterie-Regiments Erzherzog Ludwig Salvator Nr.58* (Vienna, 1904). [Bohemia]

Alois Wück and Justus Knorz, *Geschichte des k.k. Infanterie-Regiments Erzherzog Rainer Nr.59 von seiner Errichtung 1682 bis 3. Juni 1882* (2 parts, Salzburg, 1882–1901). [Italy]

Rudolf Freiherr von Fiedler and Leopold Pick, *Geschichte des k. und k. Infanterie-Regiments Freiherr von Appel Nr.60. (1798–1898)* (Erlau, 1898). [Bohemia]

August Hofmann von Donnersberg, *Geschichte des k.u.k. Infanterie-Regimentes Nr.61. 1798–1892* (Vienna, 1892). [Bohemia]

Wilhelm Bichmann, *Chronik des k.k. Infanterie-Regiments Nr.62 dermalen Ludwig Prinz von Bayern. Von seiner Errichtung 1798 bis 1880* (Vienna, 1880). [Bohemia]

Michael Schneider, *Geschichte des k.u.k. Infanterieregiments Nr. 63* (Bistritz, 1906). [Italy]

Johann Kankowski, *Geschichte des k.u.k. Infanterie-Regimentes Erzherzog Ludwig Victor Nr 65* (Ungvár, 1897). [Italy]

Carl Wibiral et al., *Geschichte des k. und k. Inft.-Reg. Ferdinand IV. Grossherzog von Toscana Nr.66. 1860–1891* (Budapest, 1892) [Italy]

Rudolf Pfeffer, *Geschichte des k.u.k. Infanterieregiments Freiherr Kray Nr 67* (2 volumes, Vienna, 1912). [volume 1 covers 1866.]. [Bohemia]

[Viktor Chitil], *Geschichte des k.u.k. Infanterie-Regiments Nr.68* (Budapest, 1908). [Bohemia]

Geschichte des k. und k. peterwardeiner Infanterie-Regiments Nr.70 Franz Freiherr Philippović von Philippberg Nr.70 (4 parts in 1, Peterwardein, 1898). [Only parts 3 and 4 appeared. Also for the 9th Frontier Infantry Regiment.] [Italy]

Beitrag zur Geschichte des Infanterie-Regiments Galgótzky Nr.71 (Vienna, 1898). [Bohemia]

Ulrich Edler von Trenkheim, *Geschichte des Infanterie-Regiments Freiherr von David Nr.72* (Vienna, 1904). [Bohemia]

Carl Lodek, *Geschichte des k.u.k. Infanterie-Regimentes Albrecht Herzog zu Württemberg Nr.73* (Prague, 1912). [Bohemia]

Robert Rostok, *Das k. und k. Infanterie-Regiment Nr.73 Wilhelm Herzog zu Württemberg (jetzt Albrecht Herzog zu Württemberg) im Feldzuge in Böhmen 1866* (Eger, no date). [Bohemia]

Cajetan Pizzighelli, *Geschichte des k.u.k. Infanterieregiments Freiherr von Salis-Soglio Nr.76* (Esztergom, 1911). [Italy]

Rudolf Engel, *Geschichte des k. und k. Infanterieregiments Philipp Herzog von Württemberg Nr.77 von der Errichtung 1860 bis 1906* (Przemyśl, 1906). [Bohemia]

[Carl Weißmann], *Geschichte des k. u. k. Infanterie-Regiments Nr.78* (publication data unknown). [Bohemia]

Carl Schmerda, *Kurz gefasste Geschichte des k. und k. Otočaner Infanterie-Regiments Graf Jelačić Nr.79 und seiner Stammregimenter* (Agram, 1898). [Bohemia]

Carl von Wenzl, *Auszug aus der Geschichte des k.u.k. Infanterie-Regimentes Arnulf Prinz von Bayern Nr.80* (Lvov, 1900). [Bohemia]

A——— Perné, *Warasdiner 1538–1913* (Vienna, 1913).

Ludwig Potschka, *Geschichte des Tiroler Jäger-Regimentes Kaiser Franz Joseph* (4 volumes, Innsbruck, 1885). [Italy]

Heinrich Sittig, *Geschichte des k.u.k. Feldjäger-Bataillons Nr.1. 1808–1908* (Reichenberg in Böhmen, 1908). [Bohemia]

Karl von Kandelsdorfer, *Geschichte des k.u.k. Feld-Jäger-Bataillons Nr.3, dermal Feld-Bataillon Nr.13 … der Tiroler Kaiser-Jäger* (2 volumes, Vienna, 1899–1903). [Volume 2 covers 1850–93.] [Bohemia]

———, *Geschichte des k. und k. Feld-Jäger Bataillons No 7* (Bruck an der Mur, 1896). [Italy]

Jakob Baxa, *Geschichte des k.u.k. Feldjägerbataillons Nr.8. 1808–1918* (Klagenfurt, 1974). [Bohemia]

Cajetan Pizzighelli, *Geschichte des k.u.k. Feldjäger-Bataillons Nr.9. 1805–1911* (Kötschach, 1911). [Bohemia]

Geschichte des k.u.k. Feldjägerbataillons Kopal Nr.10. 1813–1913 (Vigo di Fassa, 1913). [Italy]

[Franz Count Alberti di Poja], *Geschichte des k. und k. Feldjägerbataillons Nr.11* (Köszeg, 1905). [Bohemia]

Walter Friedmann, *Geschichte des k.u.k. Feldjägerbataillons Nr.12. 1813–1913* (Cavalese, 1913). [Bohemia]

Emanuel Oppitz, *Geschichte des k.u.k. Feldjägerbataillons Nr.15 (1849–1909)* (Innsbruck, 1892). [Italy]

Richard Ritter von Greber, *Geschichte des k.u.k. Feld-Jäger-Bataillons Nr. 16, 1849–1899, anlaßlich des 50jährigen Bataillons-Jubiläums verfasst* (Vienna, 1902). [Bohemia]

Karl Blaha, *Geschichte des k. und k. Feldjägerbataillons Nr.19* (Pozsony, 1905). [Bohemia]

Wilhelm Staufer, *Geschichte des k.u.k. Feld-Jäger-Bataillons Nr.20* (Judenburg, 1900). [Bohemia]

Karl von Kandelsdorfer et al., *Geschichte des k. und k. Feldjägerbataillons Nr.22* (Tione, 1910). [Bohemia]

Leopold Freund, *Geschichte des k.u.k. Feld-Jäger-Bataillons Nr.25* (Mosty Wielke, 1902). [Bohemia]

Rudolf Streith, *Geschichte des k.u.k. Feldjäger-Bataillons Nr.26 (1859–1890)* (Innsbruck, 1892). [Bohemia]

Geschichte des k. und k. Feld-Jäger-Bataillons Nr.27 von der Errichtung 1859 bis Schluss des Jahres 1892 (Villach, 1893). [Bohemia]

Cavalry
General works

[Andreas J. Count Thürheim], *Der Reiter-Regimenter der k.k. österreichische Armee. Historische Skizzen, chronologisch geordnete Bruchstück regimenterweise beartbeitet* (3 volumes in 1, 1st edition, Vienna, 1862; 2nd edition, Vienna, 1866). [Volume 1 covers the cuirassiers and dragoons; volume 2 the hussars; volume 3 the lancers.]

Unit histories

Ernst Wenke, *Geschichte des k. und k. böhmischen Dragoner-Regimentes Kaiser Franz* (Prague, 1896). [1st Cuirassiers.] [Bohemia]

Geschichte des k. und k. Dragoner-Regimentes Graf Paar Nr.2 von seiner Errichtung bis zur Gegenwart. 1672–1891 (Olmütz, 1895). [2nd Cuirassiers.] [Bohemia]

Cajetan Pizzighelli, *Geschichte des k.u.k. Dragoner-Regimentes Friedrich August, König von Sachsen Nr.3* (2 volumes, Vienna, 1925–27). [3rd Cuirassiers; volume 1 covers 1866.] [Bohemia]

—————, *Geschichte des k.u.k. Dragoner-Regimentes Kaiser Ferdinand Nr.4. 1672–1902* (Wiener Neustadt, 1902). [4th Cuirassiers.] [Bohemia]

Das kais. u. kön. Dragoner-Regiments Nikolaus I. Kaiser von Rußland Nr.5, von der Errichtungs-Periode (1721) bis in die Gegenwart (Marburg an der Drau, 1893). [5th Cuirassiers.] [Bohemia]

Alphons Freiherr von Wrede, *Geschichte des k.u.k. mährischen Dragoner-Regimentes Friedrich Franz IV. Groszherzog von Mecklenburg-Schwerin No 6* (Brünn, [1906]). [6th Cuirassiers.] [Bohemia]

Jos[ef] Victorin, *Geschichte des k.k. siebenten Dragoner-Regiments "Herzog Wilhelm von Braunschweig" von seiner Errichtung 1663 bis ende Mai 1879* (Vienna, 1879). [7th Cuirassiers.] [Bohemia]

Eduard Freiherr von Tomaschek, *Geschichte des k.k. Dragoner-Regimentes No.8 General-Lieutenant und Feldmarschall Raimund Graf von Montecuccoli … von dessen Errichtung 1617 bis zum Jahre 1888* (Vienna, 1889). [8th Cuirassiers.] [Bohemia]

Gustav [A.] Ritter Amon von Treuenfest, *Geschichte des k. und k. bukawina'schen Dragoner-Regiments General der Cavallerie Freiherr Piret de Bihain, Nr.9 von seiner Errichtung 1682 bis 1892* (Vienna, 1893). [9th Cuirassiers.] [Bohemia]

—————, *Geschichte des k.u.k. Hußaren-Regimentes Nr.15 Feldmarschall-Lieutenant Moriz Graf Pálffy ab Erdöd* (Vienna, 1894). [10th Cuirassiers.] [Bohemia]

Franz Dedekind, *Geschichte des k.k. Kaiser Franz Joseph I Dragoner-Regimentes Nr.11, von seiner Errichtung 20. Dezember 1688, bis 6. Mai 1879* (Vienna, 1879). [11th Cuirassiers.] [Bohemia]

F[erdinand] Strobl, Edler von Ravelsberg, *Geschichte des k.u.k. 12. Dragoner-Regiments seit Errichtung bis zur Gegenwart. 1798–1890* (Vienna, 1890). [12th Cuirassiers.] [Bohemia]

Friedrich von der Wengen, *Geschichte des k.k. oesterreichischen 13. Dragoner-Regiments Prinz Eugen von Savoyen seit seiner Errichtung 1682 bis zur Gegenwart* (Vienna, 1879). [1st Dragoons.] [Bohemia]

Gustav [A.] Ritter Amon von Treuenfest, *Geschichte des k.k. Dragoner-Regimentes Feldmarschall Alfred Fürst zu Windisch-Graetz Nr.14* (Vienna, 1886). [2nd Dragoons.] [Bohemia]

—————, *Geschichte des k. und k. Husaren-Regimentes Kaiser Nr.1* (Vienna, 1898). [Italy]

Adalbert Szahlender, *Kaiserhusaren bei Custozza* (no place, [c. 1899]).

Cajetan Pizzighelli, *Geschichte des k.u.k. Husaren-Regimentes Friedrich Leopold Prinz von Preussen Nr.2. 1742–1905* (Kronstadt, 1905). [Bohemia]

Gustav [A.] Ritter Amon von Treuenfest, *Geschichte des k.u.k. Huszaren-Regimentes Nr.3, Feldmarschall Andreas Graf Hadik von Futak* (Vienna, 1893). [Bohemia]

———, *Geschichte des k.k. Huszaren-Regimentes Freiherr von Edelsheim-Gyulai Nr.4 von seiner Errichtung. 1734–1882* (Vienna, 1882). [Bohemia]

———, *Geschichte des k.k. Feldmarschall Graf Radetzky Huszaren-Regimentes Nr.5 (1798–1884)* (Vienna, 1885). [Bohemia]

Cajetan Pizzighelli, *Geschichte des k.u.k. Husaren-Regimentes Wilhelm II. König von Württemberg Nr.6. 1734–1896* (Rzeszów, 1897). [Bohemia]

———, *Geschichte des k.u.k. Husaren-Regimentes Wilhelm II. deutscher Kaiser und König von Preussen Nr.7. 1798–1896* (Vienna, 1896). [Bohemia]

Gustav [A.] Ritter Amon von Treuenfest, *Geschichte des k. k. Husaren-Regimentes Alexander Freiherr von Koller Nr.8. Von seiner Errichtung 1696 bis 1880* (Vienna, 1880). [Bohemia]

Ignaz Korda and Vinzenz von Henriquez, *Geschichte des k.u.k. Husaren-Regimentes Graf Nádasdy Nr.9* (2 volumes, Sopron, 1903–30). [Volume 1 covers 1688–1903.] [Bohemia]

Gustav [A.] Ritter Amon von Treuenfest, *Geschichte des kaiserl. und königl. Husaren-Regimentes Nr.10 Friedrich Wilhelm III., König von Preussen* (Vienna, 1892). [Bohemia]

———, *Geschichte des k. k. 11. Huszaren-Regiments Herzog Alexander von Württemberg. 1762–1850 Székler Grenz-Husaren* (Vienna, 1878). [Italy]

———, *Geschichte des k. k. 12. Huszaren-Regiments. 1800–1850 Palatinal. 1850–1875 Graf Haller. 1875 von Fratricsevics* (Vienna, 1876). [Bohemia]

Ernst Weiss, *Geschichte des k.k. 13. Huszaren-Regiments* (Temesvár, 1879). [Italy]

Gustav [A.] Ritter Amon von Treuenfest, *Geschichte des Husaren-Regimentes Nr.14* (Vienna, 1886). [Bohemia]

Oswald Count Kielmansegg, *Schwarzenberg-Uhlanen (Rgt. Nr.2) 1790 bis 1887* (Tarnów, 1887). [Bohemia]

Erich Freiherr Riedl von Riedenau, *Geschichte des k. und k. Uhlanen-Regimentes Erzherzog Carl Nr.3 von seiner Errichtung im Jahre 1801 bis zur Gegenwart* (Vienna, 1901). [Bohemia]

Gustav [A.] Ritter Amon von Treuenfest, *Geschichte des k.u.k. Uhlanen-Regimentes Kaiser Nr.4 (1813–1900)* (Vienna, 1901). [Bohemia]

Oscar Teuber and Cajetan Pizzighelli, *Geschichte des k.u.k. Ulanen-Regimentes Kaiser Franz Joseph II. Nr.6* (2 volumes, Vienna, 1908). [volume 2 covers 1790–1908.] [Bohemia]

Alexander Theimer, *Geschichte des k.k. siebenten Uhlanen-Regiments Erzherzog Carl Ludwig von seiner Errichtung 1798 bis Ende 1868* (Vienna, 1869). [Bohemia]

Cajetan Pizzighelli, *Geschichte des k.u.k. Dragoner-Regimentes Johannes Josef Fürst von und zu Liechtenstein Nr.10. 1631–1903* (Vienna, 1903). [9th Lancers.] [Bohemia]

Hugo Freiherr von Komers-Lindebach, *Geschichte des k.k. Uhlanen-Regiments Alexander II., Kaiser von Russland Nr.11 (vormals 7. Chevauxlegers-Regiment) von seiner Errichtung 1814 bis Ende 1877* (Vienna, 1878). [Bohemia]

Geschichte des k. und k. Uhlanen-Regiments Freiherr von Gagnern Nr.12. 1854–1900 (Stühlweissenburg, 1900). [Italy]

Cajetan Pizzighelli, *Geschichte des k.u.k. Ulanenregiments Nr.13. 1861–1910* (Zloczów, 1910). [Italy]

Artillery
General works

Anton Dolleczek, *Geschichte der österreichischen Artillerie von den frühesten Zeiten bis zur Gegenwart* (Vienna, 1887; reprinted Graz, 1971).

Erinnerungs-Blätter. Rühmliche Waffenthaten, welcher von Chargen und Mannschaften der k.k. Artillerie in dem Doppel-Feldzuge des Jahres 1866 vollführt worden sind (Vienna, 1867). [Men's edition.]

Unit histories

Michael Trapsia and Otto Maresch, *Geschichte des Feld-Artillerie-Regiments Nr.2 Kronprinz Erzherzog Rudolf* (Vienna, 1881).

Carl Scherach, *Die Geschichte des k.u.k. Corps-Artillerie-Regimentes Nr.3 Erzherzog Wilhelm* (Graz, 1894).

Die Geschichte des k.u.k. Corps-Artillerie-Regimentes Freiherr von Smola Nr.11, von der Errichtung des Regimentes im Jahren 1854 bis 1896 (Lemberg, 1896).

Technical and miscellaneous formations

Wilhelm Brinner, *Geschichte des k.k. Pionnier-Regiments. In verbindung mit einer Geschichte des Kriegs-Brückenwesens in Österreich* (4 volumes in 2, Vienna, 1878–81). [Volume 3 covers 1866.]

Franz Breitwieser, *Geschichte der k.u.k. Train-Truppe ...* (Vienna, 1904).

Leopold Zatloukal, *Geschichte des k.u.k. Sanitätstruppe* (Vienna, 1906).

Walter Wagner, *Geschichte des k.k. Kriegsministeriums* (2 volumes, Graz, Vienna and Cologne, 1966). [Volume 1 covers 1848–66.]

Moritz Ritter von Angeli, *Zur Geschichte des k.k. Generalstabes* (Vienna, 1876).

Oskar Regele, *Generalstabschefs aus vier Jahrhunderten. Das Amt des Chefs des Generalstabes in der Donaumonarchie, seiner Träger und Organe von 1529 bis 1918* (Vienna and Munich, 1966).

Adolf Proksch, *Geschichte der k.u.k. Artilleriekadettenschule in Wien* (Vienna, 1907).

1811–1911. Geschichte der Pionierkadetten und deren Schulen, edited by Felix Kemenović von Belovar (Vienna, 1911).

Gotthold Krebs, *Die k.u.k. Militär-Oberrealschule zu Mährisch-Weißkirchen* (Vienna, 1906).

Johann Svoboda, *Die theresianische Militär-Akademie zur Wiener-Neustadt und ihre Zöglinge von der Gründung der Anstalt bis auf unsere Tage* (3 volumes, Vienna, 1894–97).

Friedrich Gatti and Albert Edlen von Obermayer, *Geschichte der k. und k. technischen Militär-Akademie* (2 volumes, Vienna, 1901–5). [Volume 1 covers the engineering academy, volume 2 the artillery academy.]

Die k. und k. Kriegsschule, 1852–1902, edited by the school administration (Vienna, 1903).

Peter Salcher, *Geschichte der k.u.k. Marine-Akademie* (Pola, 1902).

Helmut von Wyklicky, *Das Josephinum. Biographie eines Haus* (Vienna, 1985).

M. F. Roll, *Das k.k. Militär-Thierarznei Institut in Wien während des 1. Jahrhunderts seines Bestehens* (Vienna, 1878).

Adele von Arbter, *Aus der Geschichte der k.u.k. Offizierstöchter-Erziehungs-Institute* (Vienna, 1892).

Emil Paskovits, *Die erste Arcièrenleibgarde seiner Majestät des Kaisers und Königs. Ein Ruckblick auf ihrer hundertfünfzigjährige Geschichte* (Vienna, 1914).

Zur Erinnerung an den 100jährigen Gedenktag der Errichtung der k.u.k. Leibgarde-Infanterie-Kompanie 17. März 1802–1902 (Vienna, 1902). [*Leibgarde-Gendarmerie.*]

Maja Lüdin, "Die Leibgarden am Wiener Hof," (PhD. dissertation, Universität Wien, 1965).

Franz Neubauer, *Die Gendarmerie in Österreich 1849–1924* (Vienna and Graz, 1925).

Alois Thiel, *Das k.u.k. Militär-Obergericht … 1803–1903* (Vienna, 1903).

Emerich Bielek, *Geschichte des k.u.k. Militärseelsorge und des apostolichen Feld-Vicariats* (Vienna, 1901).

[Paul Laschan], *Erlebnisse der ersten freiwilligen Scharf-Schützen-Kompagnie Innsbruck-Sonnenburg 1866* (Innsbruck, 1867). [Italy]

[Leopold Pfaundler], *Die Erlebnisse der freiwilligen akademischen Schützencompagnie im Feldzuge des Jahres 1866* (Innsbruck, 1867). [Italy]

Franz Schrom, "Die Entwicklung des Tiroler Landesverteidigungs- und Schützenwesens in der Jahren 1859 bis 1874," (PhD. dissertation, Universität Innsbruck, 1949).

Baden
General works
Baden, War Ministry, *Grossherzoglich badische Militär-Staat* (Karlsruhe, 1866). [The yearly army list.]

Karl Dörner, "Das badische Heeresverfassung von 1806 bis zur Konvention mit Preußen" (PhD. dissertation, Universität Heidelberg, 1937).

H.-J. Harder, *Militärgeschichtliches Handbuch Baden-Württemberg* (Stuttgart, 1987).

K.-H. Lutz, *Das badische Offiziers-Korps 1840–1870/71* (Tübingen, 1997).

[K. A. Schneider], *Der Antheil der badischen Felddivision an dem Kriege des Jahres 1866 in Deutschland. Von einem Angehörigen der badischen Felddivision* (Lahr, 1867).

Unit histories

[Theophil] von Barsewisch and [Emil von] Trapp-Ehrenschild, *Geschichte des großherzoglich badischen Leib-Grenadier-Regiments 1803–1892* (2 volumes in 1, Karlsruhe, 1893). [Volume 1 covers 1803–69.]

[Ernst] Becker, *Geschichte des 2. badischen Grenadier-Regiments Kaiser Wilhelm I. Nr.110* (Berlin, 1877).

[Heinrich] Feill, *Geschichte des Infanterie-Regiments Markgraf Ludwig Wilhelm (3. badisches) Nr. 111 …* (Berlin, 1898).

[K. H. G.] Pralle and [Albrecht] Geßner, *Geschichte des 4. badischen Infanterie-Regiments Prinz Wilhelm Nr. 112* (Berlin, 1897).

[Wilhelm] Freiherr Schilling von Canstatt and [W. R.] Will, *Geschichte des 5. badischen Infanterie-Regiments Nr.113* (1st edition, Berlin, 1890; 3rd edition, Berlin, 1896).

[Arthur von] Waenker von Dankenschweil and [Jakob] Keller, *Geschichte des 6. badischen Infanterie-Regiments Kaiser Friedrich III. Nr.114 im Rahmen der väterlandischen Geschichte … .* (1st edition, Berlin, 1878; 2nd edition, Berlin, 1898). [2nd Fusiliers.]

—— Count Bray, *Geschichte des 1. badischen Leib-Dragoner-Regiments Nr.20 und dessen Stamm-Regiments des badischen Dragoner-Regiments von Freystedt von 1803 bis zur Gegenwart* (1st–2nd editions, Berlin, 1909).

Adolf Legde, *Geschichte des 2. badischen Dragoner-Regiments Nr.21* (Berlin, 1893).

[Alfred] Sostmann, *Geschichte des 3. badischen Dragoner-Regiments Prinz Karl Nr.22* (Berlin, 1898).

—— Ferber, *Geschichte des 1. badischen Feldartillerie-Regiments Nr.14* (Karlsruhe, 1906).

[Richard] Rauthe, *Geschichte des badischen Fuß-Artillerie-Regiments Nr.14 und seiner Stamm-Truppentheile* (Berlin, 1898).

Karl Linnebach, *Geschichte der badischen Pioniere* (new edition, Leipzig, [1908]).

H[ans] Eltester, *Geschichte des badischen Train-Bataillons Nr.14 und Traindepots XIV. Armeekorps* (Karlsruhe, 1895).

Aug[ust] Steinhauser, *Geschichte des großherzoglich badischen Gendarmerie-Corps von der Errichtung im Jahre 1829 bis einschließlich 1899* (Karlsruhe, 1900).

Bavaria
General works
Bavaria, War Ministry, *Militär-Handbuch des Königreichs Bayern* (Munich, 1866). [The army list.]

Das bayerische Heer 1866 (Berlin, 1866). [A translation by Stuart Sutherland is *The Bavarian army 1866* (Toronto, 2001, Solihull, 2010).]

Oskar Bezzel, *Die Geschichte des königlich bayerischen Heeres von 1825 mit 1866* (Munich, 1931).

Rolf Förster, "Die Leistungfähigkeit der bayrischen Armee im Feldzuge 1866," (PhD. dissertation, Universität München, 1987).

W. D. Gruner, *Die bayerische Heer 1825 bis 1864* (Boppard am Rhein, 1975).

Friedrich Münich, *Geschichte der Entwicklung der bayerischen Armee seit zwei Jahrhunderten* (Munich, 1864; reprinted with additions, Krefeld, 1972).

Infantry and rifles
Julius von Illing, *Geschichte des königlich bayerischen Infanterie-Leib-Regiments von der Errichtung bis zum 1. Oktober 1891* (2 volumes, Berlin, 1892). [Volume 1 is the text.]

[M—— von Prielmayer], *Geschichte des k.b. 1. Infanterie-Regiments König seit seiner Errichtung im Jahre 1778 nebst eine Vorgeschichte seiner Stammabregimenter* (Munich, 1878).

Moritz Ritter von Reichert, *Das königlich bayerische 2. Infanterie-Regiments "Kronprinz" 1682 bis 1902* (Munich, 1902).

Max Ruith and Emil Ball, *Kurze Geschichte des königlich bayerischen 3. Infanterie-Regiments Prinz Karl von Bayern* (Ingolstadt, 1890).

Oskar Bezzel, *Das k.b. 4. Infanterie-Regiment König Wilhelm von Württemberg vom Jahre 1806–1906* (Munich, 1906).

[Hans] Gerneth and [Bernhard] Kießling, *Geschichte des königlich bayerischen 5. Infanterie-Regiments (Großherzog von Hessen)* (3 volumes, Berlin, 1883–97). [Volume 3 covers 1833–97.]

[Karl] Stapp, *Geschichte des königlich bayerischen 6. Infanterie-Regiments Kaiser Wilhelm, König von Preußen von 1725–1891* (1st edition, Berlin, 1891; 2nd edition, Berlin, 1895). [Men's edition.]

[Karl] Käuffer, *Geschichte des königlich bayerischen 9. Infanterie-Regiments Wrede* (1st edition, Würzburg, 1888; 2nd edition, Würzburg, 1895).

Joseph Dauer and Thomas Peter, *Das königlich bayerische 10. Infanterie-Regiments Prinz Ludwig* (6 volumes, Ingolstadt, 1898–1907). [Volume 5 covers 1815–end of the War of 1866.]

[Eugen] Zoellner, *Geschichte des k. b. 11. Infanterie-Regiments von der Tann 1805–1905* (Munich, 1905).

Fedor Grosch et al., *Geschichte des k.b. 12. Infanterie-Regiments Prinz Arnulf und seiner Stammabteilungen* (Munich, 1914).

Max[imilian] Erhard, *Das königlich bayerische 13. Infanterie-Regiments Kaiser Franz Joseph von Österreich* (1st edition, Munich, 1889). [Men's edition.]

Albert Beckh, *Geschichte des königlich bayerischen 14. Infanterie-Regiments und seiner Stammtruppen* (2 parts in 1, Nuremberg, 1914). [Only part 2, covering 1814–1914, appeared.]

J[oseph] Pfeffer, *Geschichte des königlich bayerischen 15. Infanterie-Regiments König Friedrich August von Sachsen von 1722–1907* (Neuburg an der Donau, 1907). [Men's edition.]

[—— Pöllath], *Geschichte des kgl. bayerischen 15. Inf.-Rgt. König Johann von Sachsen im Feldzuge 1866 gegen Preußen* (Neuburg, 1867).

Felix Eder, *Das königlich bayerische 1. Jäger-Bataillon in 75 Jahren seines Bestehens 1815–1890 mit einer Geschichte seiner Stammabteilungen. 1813–1815* (Munich, 1894).

Carl Geißler, *Geschichte des königlich bayerischen 16. Infanterie-Regiments vakant König Alfons von Spanien und seiner Stamm-Abtheilungen, des 2., 7. und 9. Jäger-Bataillons. 1813–1888* (Passau, 1889). [2nd and 7th Rifles.]

[Paul] Kneussl, *Geschichte des königlich bayerischen 2. (vormals 3.) Jäger-Bataillons nebst einer kurzgefaßten Darstellung der Geschichte seiner Stammabteilungen. 1735–1898* (Würzburg, 1899).

Franz [J.] Berg, *Geschichte des königlich bayerischen 4. Jäger-Bataillons (nachmalige 19. BIR)* (2 parts, Landshut, 1887). [Part 2 covers 1825–75.]

Hermann Helmes, *Das Regiment Orff* (Germersheim, 1908). [6th and 8th Rifles.]

Cavalry

Theodor Freiherr von Pfetten-Arnbach and Hans Fahrmbacher, *Das 1. schwere Reiter-Regiment "Prinz Karl von Bayern"* (3 volumes, Munich, 1914). [1st Cuirassiers. Volume 2 covers 1848–98.]

Gustav Freiherr von Habermann, *Geschichte der königlich bayerischen 2. schweres Reiter-Regiments "vacant Kronprinz Erzherzog Rudolf von Österreich"* ([Landshut], 1891). [2nd Cuirassiers.]

Hermann Hutter, *Das k. b. 1. Chevaulegers-Regiment "Kaiser Alexander von Rußland" 1682-1882* (Munich, 1885).

Josef Obpacher, *Das k.b. 2. Chevaulegers-Regiment Taxis* (Munich, 1926).

Emil Buxbaum, *Das k. b. 3. Chevaulegers-Regiment "Herzog Maximilian" 1724–1884* (2 parts in 1, Munich, 1884).

Maximilian Ulrich, *Die Königs-Cheveaulegers. Gedenkblätter aus der Geschichte des kgl. bayerischen 4. Chevaulegers-Regimentes "König"* ([Vienna], 1892).

O[tto] von Sichlern, *Geschichte des k. b. 5. Chevaulegers-Regiment "Prinz Otto" (1776–1874)* (Munich, 1876).

E[mil] Heinze, *Geschichte des königlich bayerischen 6. Chevauleger-Regiments Prinz Albrecht von Preußen 1803–1871 sowie der Stammabteilungen des Regiments* (Leipzig, 1898).

Oskar Renz, *Geschichte des k. b. 1. Ulanen-Regiments Kaiser Wilhelm, König von Preußen. 1863–1898* (Bamberg, 1898). [Men's edition.]

Friedrich Meyer, *Geschichte des 2. Ulanen-Regiments König. 1863–1888* (Ansbach, 1888).

Artillery

L[uitpold] Lutz, *Die bayerische Artillerie von ihren ersten Anfängen bis zur Gegenwart* (Munich, 1894).

Rudolf Ritter von Xylander and C. A. von Sutner, *Geschichte des 1. Feldartillerie-Regiments Prinz-Regent Luitpold* (4 volumes, Munich, 1905–31). [Volume 3 covers 1824–1911.]

J. K. Brennfleck, *Das königlich bayerische 2. Feldartillerie-Regiment Horn* (2 volumes, Munich, 1939). [Volume 1 covers 1824–1914.]

Arnold Müller, *Das königlich bayerische 3. Feld-Artillerie-Regiment Königin Mutter 1848–1898* (Munich, [1898]). [Men's edition.]

Wilhelm Leeb and Ludwig Schrott, *Das königlich bayerische 4. Feldartillerie-Regiment "König" 1859–1909. Ein Ruckblick auf seine 50jährige Entwicklung* (Stuttgart, 1909).

Technical and miscellaneous units

[Max] Kuchler, *Geschichte der königlich bayerischen Pionier-Bataillone und ihrer Stammformationen* (Munich, 1897). [Men's edition.]

[Ewald] Fiebig, "Aus der Geschichte des bayerischen Trains," *Zeitschrift für Heeres- und Uniformenkunde* (Berlin), 7 (1935): 29–33.

Othmar Hackl, *Der bayerische Generalstab (1792–1919)* (Munich, 1999).

A—— Erhard, *Zur Erinnerung des 200 jährigen Bestehens des königlichen Leibgarde der Hartschiere* (Munich, 1869).

Karl von Oelhafen, *Geschichte des königlich bayerischen Artillerie- und Ingenieur-Schule. Verfaßt aus Anlaß des 25jährigen Jubiläums* (Munich, 1882).

Emil von Schelhorn, *Die königlich bayerische Kriegsschule in den ersten 25 Jahres ihres Bestehens* (Munich, 1883).

Friedrich Teicher, *Das königlich bayerischen Kadetten-Corps von der Gründung bis zur Gegenwart* (1st edition, Munich, 1889; 2nd edition, Munich, 1900).

F.-W. Eggert-Vockerodt, *Das Militärwesen im späten Deutschen Bund. Das bayersiche Heersanitätswesen unter Einfluß der Reformen aus Preußen und Österreich in der Zeit 1848–1866* (Frankfurt am Main, 1997).

Hugo Schröder, *Die Gendarmerie in Bayern. Vorgeschichte, Errichtung und Entwicklung der bayerischen Gendarmerie sowie deren Thätigkeit von 1812–1900* (Augsburg, 1900).

Konrad Uhl, "Der Aufbau der bayerischen Militärverwaltung von 1806 (1799) bis 1871," (PhD. dissertation, Universität München, 1942).

Brunswick

Georg Ortenburg, *Braunschweigisches Militär* (Cremlingen, 1987).

[Gustav] von Kortzfleisch, *Geschichte des herzoglich braunschweigischen Infanterie-Regiments Nr.92 und seiner Stammtruppen 1809–1902* (3 volumes in 1, Brunswick, 1896–1903). [Volume 2 covers 1813–July 1870.]

Georg von Schlieffen-Wioska and [Rudolph] Mackensen von Astfeld, *Hundert Jahre braunschweigische Husaren. Geschichte des braunschweigischen Husaren-Regiments Nr.17* (2 volumes, Brunswick, 1909). [Volume 1 covers 1809–spring 1870.]

Hugo [H. B. M.] Kühne, *Die Geschichte der braunschweigischen Artillerie von ihrer Enstehung bis auf die heutige Zeit* (Berlin, 1875).

J. [K. H.] von Reitzenstein, *Das Geschützwesen und die Artillerie in den Landen Braunschweig und Hannover von 1365 bis auf die Gegenwart* (3 volumes, Leipzig, 1896–1900). [Volume 3 covers 1803–1900 but is incomplete.]

Frankfurt
Martin Bethke, "Frankfurter Soldaten … ein 'verlorener Haufe': die Geschichte eines kleinen Kontingents," *Zeitschrift für Heereskunde* (West Berlin), 43 (1979): 93–100.

Hamburg
—— Mayer, *Geschichte des hamburgischen Contingents von seinem Stiftungstag 1814 bis zur seiner Auflösung 1867* (Hamburg, 1874). [Contains lists of officers, doctors and officials.]

Hanover
General works
Victor von Diebitsch, *Die königlich hannoversche Armee auf ihrem letztem Waffengange im Juni 1866* (Bremen, 1897). [The army list for June 1866 and notes on the subsequent fates of officers, part of the work, were printed separately in Leipzig, 1901.]

H. P. Düsterdieck, "Das Heerwesen im Königreich Hannover von 1820 bis 1866. Ein Beitrag zur Geschichte der hannoverschen Armee" (PhD. dissertation, Universität Marburg, 1971).

[H. W.] Müller, *Aus alt-Hannovers Vergangenheit. Skizzen und Erzählen aus dem letzten Feldzug der althannoverschen Armee* (Hildesheim, 1916).

Namentliche Liste der Officiere der vormalig königlich hannoversche Armee bei der Auflösung im Juli 1866 … (Hanover, 1867).

Joachim Niemeyer, *Königlich hannöversches Militär 1816–1866* (Beckum, 1992).

J. [K. H.] Freiherr von Reitzenstein, *Ehrengedächtniß der im Kriege von 1866 gebliebenen Offiziere und Mannschaften der königlich hannoverschen Armee. Namentliche Liste der gebliebenen und Beschreibung ihrer Grabstätten und Denkmäler* (Hanover, 1896).

Friedrich Schirmer, *Nec aspera terrent! Eine Heereskunde der hannoverschen Armee* (2 volumes, Hildesheim and Leipzig, 1929–37). [Volume 2 covers 1803–66.]

—— Schutz von Brandis and J. [K. H.] Freiherr von Reitzenstein, *Uebersicht der Geschichte der hannoverschen Armee von 1617–1866* (Hanover, 1903).

L—— von Sichart et al., *Geschichte der königlich hannoverschen Armee* (7 volumes in 5, Hanover, 1866–98). [Volume 5 covers 1866.]

H[ermann] Vogt, *Aus dem alten Hannover. Erinnerungen und Erfahrungen* (Berlin, 1887).

Wilhelm von Wersebe, *Geschichte der hannoverschen Armee* (Hanover, 1928).

Infantry and rifles

Die althannoverschen Ueberlieferungen des Füsilier-Regiments Feldmarschall Prinz Albrecht von Preußen (hannoversches) Nr.73 (Hanover, 1901). [Guards and 7th Infantry.]

[Georg] Poten, *Die althannoverschen Überlieferung des Infanterie-Regiments von Voigts-Rhetz (3. hannoverschen) Nr.79* (Berlin, 1903). [1st Infantry.]

Erich Karwiese, *Regiment und Garnison 4. hannoverschen Infanterie-Regiments Nr.164 zur Hameln. Erinnerungen an des Landwehr-Bataillon Hameln und das 2. hannoversche Infanterie-Regiment (Waterloo). Zur Hundertjahrfeier verfaßt* (Hameln, 1913). [2nd Infantry.]

[August] zur Nedden, *Geschichte des 1. hannoverschen Infanterie-Regiments Nr.74 und des vormaligen königlich hannoverschen 3. Infanterie-Regiments. 1813–1903* (Berlin, 1903). [3rd Infantry.]

[Georg] Dorndorf and [Louis] von Wachholtz, *Abriß der Geschichte des 2. hannoverschen Infanterie-Regiments Nr.77 und seine Überlieferungen aus hannoverschen Zeit. 1813–1903* (2 parts in 1, Berlin, 1903–4). [Part 1 covers the 5th Infantry.]

[F. D.] von Gottberg and [Ernst] von Eschwege, *Geschichte des hannoverschen Jäger-Bataillons Nr.10* (2 parts in 1, 1st edition, Berlin, 1903). [Part 1 covers 1803–66; for the rifle battalions.]

Cavalry

—— von Hassell, *Die hannoversche Kavallerie und ihr Ende* (Hanover, 1875).

[J. K. H.] Freiherr von Reitzenstein, *Die königlich hannoversche Cavallerie und ihre Stammkörper von 1631 bis 1866* (Baden-Baden, 1892).

A[lbert] von Nettelblatt, *Die althannoverschen Überlieferungen des Königs-Ulanen-Regiments (1. hannoverschen) Nr.13* (Berlin, 1903). [*Gardes du Corps.*]

[Adalbert] von Guionneau, *Geschichte des 1. hannoverschen Dragoner-Regiments Nr.9 Peninsula-Waterloo-Göhrde. 1805–1904* (Berlin, 1904). [Cambridge Dragoons.]

Paul von Trotschke, *Das hannoversche Kronprinz-Dragoner-Regiment und das 2. hannoverschen Dragoner-Regiment Nr.16. 1813–1903* (Hanover, 1905). [Crown Prince Dragoons.]

Artillery
J. [K. H.] Freiherr von Reitzenstein, *Das Geschützwesen und die Artillerie in den Landen Braunschweig und Hannover von 1365 bis auf die Gegenwart* (3 volumes, Leipzig, 1896–1900). [Volume 3 covers 1803–1900 but is incomplete.]

Der hannoversche Artillerie zur Erinnerung (Hanover, 1866).

———, *Die königlich hannoversche Artillerie im Krieg 1866* (Bremen, 1891).

[Johanne von Knauer], *Zum hundertjährigen Bestehen des Feld-Artillerie-Regiments von Scharnhorst (1. hannoversches) Nr.10. 19. Dezember 1903* (Hanover and Leipzig, 1903).

Electoral Hesse
General works
Fritz Kersten and Georg Ortenburg, *Hessisches Militär zur Zeit des Deutschen Bundes* (Beckum, 1984).

Stamm- und Rangliste der kurhessischen Armee (Kassel, 1866). [The army list; also includes a history of the army.]

Hugo Bach, "Das kurhessische Heer als militärisches und politisches Machtinstrument," (PhD. dissertation, Universität Marburg, 1951).

J[ulius] von Schmidt, *Die vormals kurhessische Armeedivision im Sommer 1866* (Kassel, 1892). [Exhaustive.]

Infantry and rifles
[Hans] Dechend et al., *Geschichte des Füsilier-Regiments von Gersdorff (hessisches) Nr.80 und seines Stamm-Regiments das kurhessischen Leibgarde-Regiments von 1632 bis 1900* (Berlin, 1900).

W[ilhelm] von Sunkel, *Geschichte des 2. hessischen Infanterie-Regiments Nr.82 in Verbindung mit der Geschichte des kurhessischen Stammregiments von seiner Errichtung bis zu seiner Einverleibung in die preußische Armee* (Berlin, 1876). [2nd Infantry.]

[F. L.] Freiherr von Dalwigk zu Lichtenfels, *Geschichte der waldeckischen und kurhessischen Stammtruppen des Infanterie-Regiments von Wittich (3. kurhessisches) Nr.83. 1681–1866* (Oldenburg, 1909). [3rd Infantry.]

[Siegfried] Moldenhauer and [Karl] von Borries, *Geschichte des kurhessischen Jäger-Bataillons Nr.11* (Marburg, 1913). [Only volume 1, covering 1813–66, of a planned two volumes, appeared; for the rifle battalion.]

Cavalry
Felix Kühls, *Geschichte des königlich preußischen Husaren-Regiments König Humbert von Italien (1. kurhess.) Nr.13* (Frankfurt, 1913). [1st Hussars.]

Carl von Kossecki and Robert Freiherr von Wrangel, *Geschichte des königlich preussischen 2. hessischen Husaren-Regiments Nr.14 und seiner hessischen Stammtruppen. 1706–1886* (2 parts in 1, Leipzig, 1887). [2nd Hussars. Part 2 covers 1806–86.]

Artillery
Wilhelm Has et al., *Geschichte des 1. kurhessischen Feldartillerie-Regiments Nr.11 und seiner Stammtruppen* (Marburg, 1913).

Technical and miscellaneous formations
Geschichte des hessischen Pionier-Bataillons Nr.11 (Berlin, 1895).

[Martin] Kiesling, *Geschichte des königlich preußischen hessischen Train-Bataillons Nr.11 und der vormaligen großherzoglich hessisches Train-Kompagnie* (Berlin, 1892).

Grand Ducal Hesse
General works
Abriß der großherzoglichen hessischen Kriegs- und Truppen-Geschichte 1567–1871 (Darmstadt, 1886).

Fritz Kersten and Georg Ortenburg, *Hessisches Militär zur Zeit des Deutschen Bundes* (Beckum, 1984).

Georg von Zimmermann, *Der Antheil der grossherzoglich hessische Armee-Division am Kriege 1866* (2 volumes, Berlin, 1898).

Infantry and rifles
C. C. Freiherr Röder von Diersburg and Fritz Beck, *Geschichte des 1. großherzoglich hessischen Infanterie-(Leibgarde-)Regiments Nr. 115. 1621–1899* (Berlin, 1899).

W[ilhelm] Bigge, *Geschichte des Infanterie-Regiments Kaiser Wilhelm (2. Großherz. hessisches) Nr.116* (Berlin, 1903).

[A. J. A.] Keim, *Geschichte des Infanterie-Leib-Regiments Großherzogin (3. Großh. hessisches Nr.117) und seiner Stämme. 1677–1902* (Berlin, 1903). [Includes a history of the pioneers.]

————, *Geschichte des 4. großherzoglich hessischen Infanterie-Regiments (Prinz Karl) und seiner Stämme. 1699–1878* (Berlin, 1879).

Cavalry

[Karl von] Zimmermann, *Geschichte des 1. großherzoglich hessischer Dragoner-Regiments (Garde-Dragoner-Regiment) Nr.23* (2 volumes, Darmstadt, 1881–90). [volume 2 covers 1860–80.]

Artillery

Fritz Beck and Karl von Hahn, *Geschichte des großherzoglich hessischen Feldartillerie-Regiments Nr.25 (Großherzoglich Artilleriekorps) und seiner Stämme. 1460–1883* (1st edition, Berlin, 1884. A 2nd edition, Berlin, 1899, changes title to … *1460–1883 (1883–1897)*.).

Technical and miscellaneous formations

[Martin] Kiesling, *Geschichte des königlich preußischen hessischen Train-Bataillons Nr.11 und der vormaligen großherzoglich hessisches Train-Kompagnie* (Berlin, 1892).

Fritz Beck, *Geschichte des großherzoglich hessischen Gendarmeriekorps. 1763–1905* (Darmstadt, 1905).

[Kurt] Bauer von Bauern, *1823–1898. Geschichte der großherzoglich hessischen Garde-Unteroffiziers-Compagnie* (Darmstadt, 1898).

Landgravial Hesse

Martin Bethke, "Militärpolitik im Deutschen Bund, II: Landgrafschaft Hessen-Homburg," *Zeitschrift für Heereskunde* (West Berlin), 46 (1983): 54–58.

Fritz Kersten and Georg Ortenburg, *Hessisches Militär zur Zeit des Deutschen Bundes* (Beckum, 1984).

Italy
General works

Italy, War Ministry, *Annuario ufficiale dell' esercito italiano* (Turin, 1866). [The army list.]

Italy, Navy Ministry, *Annuario ufficiale della marina italiana* (Florence, 1866). [The navy list.]

Edoardo Arbib, *L'esercito italiano e la campagna del 1866; memoria* (1st edition, Florence, 1867; 2nd edition, Florence, 1868).

Francesco Mica Baratelli, *La marina militare italiana nella vita nazionale (1860–1914)* (Mursia, 1983).

Emilio Faldella, *Storia degli eserciti italiani da Emanuele Filiberto di Savoia ai nostri giorni* ([Milan], 1976).

Mariano Gabriele, *La politica navale italiana dall' unità alla vigilia di Lissa* (Milan, 1958).

———, *La prima marina d'Italia (1860–1866): la prima face di un potere marittimo* (Rome, 1999).

Der italienische Armee, in ihrer Organisation, Stärke, Uniformirung, Ausrüstung und Bewaffnung im Jahre 1866 (Berlin, 1868).

Die italienische Armee 1866 (Berlin, 1866).

Italy, General Staff, Historical Section, *L'esercito e i suoi corpi: sintesa historica* (3 volumes, Rome, 1971–79), 1.

———, *L'esercito italiano dall' unità alla Grande Guerra (1861–1918)* (Rome, 1980).

Carlo Randaccio, *Storia delle marine militari italiane dal 1750 al 1860 e della marina militare italiana dal 1860 al 1870* (2 volumes, Rome, 1886).

—— von Wittich, *Die italienische Armee in ihren heutigen Bestande, 1865, mit specieller Berücksichtigung der Infanterie* (Berlin, 1865).

Large formations
Carlo Corsi, *Delle vicende del primo corpo d'armata durante il primo periodo della campagna del 1866* (Milan, 1867).

Adriano Mazza, *Cenni sulla 3a divisione a Custozza* (publication data unknown).

Infantry and rifles
Edoardo Scala, *Storia di fanterie italiane* (10 volumes, Rome, 1950–56). [Volume 3 covers the period of unification; volume 6 the Grenadiers of Savoy; volume 7 the *bersaglieri*; volume 9 the volunteer corps.]

Brigata dei granatiere di Sardegna: 250° anniversario (18 aprile 1659–1909 (Rome, 1909).

Umberto Rocca, *I granatieri di Sardegna: sommario storico* (2nd edition, Parma, 1900; 5th edition, Mondovi, 1905; 6th edition, Mondovi, 1907).

Luigi Perrier, *Historique de la brigade de Savoie … .* (Turin, 1881).

Cenni storici nel 3° reggimento fanteria, nella ricorrenza della feste della bandiera (Chieti, 1902).

Reggimento (3°) di fanteria: cenni storici (Pistoia, 1905).

Il IV reggimento fanteria nel giorno annoversario dei suoi fasti militari, 23 marzo 1904 (Florence, 1904).

Il 5° reggimento fanteria (Girgenti, 1922).

Cecilio Farbis and Severino Zanelli, *Storia della brigata Aosta dalle origini ai nostri* (2nd edition, Città di Castello, 1892).

Brigata Cuneo dal 1701 al 1901: notizio storiche del 7° ed 8° reggimento fanteria (Cuneo, 1901)

Girolamo Cappello, *Notize storiche del 7° reggimento di fanteria* (Milan, 1909).

Giulio Luca Viganò, *Cenni storici dell' 8° reggimento fanteria* (Savigliano, 1899).

Achille Ferraro, *Il 9° reggimento fanteria: ricordi storici, 1734–1891* (Imola, 1891).

Cenni storici dell' 11° reggimento fanteria Casale (Forli, 1930).

Augusto Matarelli, *Il 12° reggimento fanteria e la sua bandiera: cenni storici* (Cesena, 1911).

Sunto storia della brigata Pinerolo, dal 1672 al 1904 … . (Padua, 1903).

Davide Menini, *Vicende militari del 13° reggimento fanteria* (Venice, 1876).

Demetrio Duca, *Storia del 16° reggimento fanteria* (Pesaro, 1876).

Gaetano Polver, *Il 17° fanteria: memorie storiche, 1703–1893* (Bergamo, 1892).

Enia Bianeoli and Stefano Tarucci, *Le tradizioni del 20° reggimento fanteria* (Perugia, 1892).

La brigata Cremona (21° e 22° reggimento fanteria) (Florence, 1910).

Enrico Giaccone, *La brigata Como (23° e 24° regg. fanteria) dal 1848 al 1913* (Rome, 1914).

Eduardo Fanchiotti, *Breve cenni storici sul 26° fanteria* (Udine, 1892).

[Ercoli] Azimonte, *Ricordi cronistici del 29° reggimento fanteria* (no place, 1876).

Giuseppe Gentile, *30° reggimento fanteria Pisa, medaglio di oro* (Salerno, [1962?]).

Nicolo Giorgetti, *Quarant'anni (1859–1898): le vicende del 33° reggimento fanteria* (Parma, 1898).

Memorie storiche del 36° reggimento fanteria (Brigata Pistoia) (1st–4th editions, Modena, 1910).

Virgilio Lerario, *Memorie del 39o reggimento fanteria* (Padua, 1880).

Quadro sinottico della storia del corpo del 43° regimmento fanteria (Bari, 1894).

Enrico Roncari, *Venti anni d'un reggimento (il 44° fanteria)* (Milan, 1883).

Storia del 45° reggimento fanteria "Reggio" (1859–1827) (Sassari, 1935).

Paolo Negri, *Storia del 46° reggimento fanteria (brigata Reggio) dalla sua formazione alla presa di Roma* (Imola, 1905).

Romano Fidora, *Storia del 48° reggimento fanteria* (Rome, 1904). [Men's edition.]

Storia del 50° reggimento fanteria (Parma) (Modena, 1930).

Alfredo Cangemi, *La brigata Alpi (51° e 52° fanteria): memorie storiche* (Mantua, 1897).

Cenni storici della Brigata Valtellina sua fondazione al 31 dicembre 1900 (Ariano, 1902).

Storia dell 64° reggimento fanteria "Cagliari" (Ivrea, 1940).

P. A. Baldrati, *Il 67° fanteria: cento anni di storia, 1862–1962* (Como, 1962).

Cenni storici del 70° reggimento fanteria (Caltanissetta, 1921).

Bersaglieri: epopea di fanti piumati da La Marmora ai Commandos (4 volumes, Milan, 1979).

Pietro Fea, *Storia dei bersaglieri …* (Florence, 1878).

Nino Tramonti, *I bersaglieri dal Mincio al Don* (4th edition, Milan, 1962).

P. L. Nascimbene, *Storia militare dei battaglione del 2° reggimento bersaglieri* (Asti, 1887). [men's edition.]

Storia del 3° reggimento bersaglieri (1861–1975) (Brindisi, 1980).

Pietro Maletti, *Il 12° reggimento bersaglieri: cenno storico sui battaglioni 21°, 23°, 36° e 12° ciclisti* (Milan, 1911).

Memorie storiche del 18°, 25° et 28° battaglioni bersaglieri (Rome, 1904).

Cavalry
General works

Rodolfo Puletti, *Caricat! Tre secoli di storia dell'arma di Cavalleria* (Bologna, 1973).

Marziano Brignoli, *L'arma di cavalleria 1861–1991* (Milan, 1993).

Mario Fazio, *Importanza della cavalleria in guerra e la nostra cavalleria nel 1866 ed in suoi progressi fino al giorni d'oggi* (Barcellona, 1904).

Unit histories

Pietro Bost, *Il reggimento di cavalleria Nizza (1°), 1690–1890: cenni storici e documenti* (Milan, 1890).

Severino Zanelli et al., *Il reggimento Piemonte Reale cavalleria dalle origini ai nostri tempi: narrazione* (1st edition, Bergamo, 1911; 2nd edition, San Lapi, 1913).

Genova-Cavalleria: dai ricordi storici offerti ai soldati dal colonnello il giorno della festa del reggimento (Vicenza, 1896). [Men's edition.]

Pietro Filippini, *Il reggimento Savoia Cavalleria: anni storici (1692–1915)* (Milan, 1915).

Giorgio Pugliaro, *I lancieri di Novara: storia di un reggimento di cavalleria dal Risorgimento a oggi* (Milan, 1978).

Rodolfo Puletti et al., *I lancieri di Aosta dal 1774 al 1970* (Udine, 1970).

Emilio Salaris, *Appunti storici sul reggimento cavalleria Aosta (6°) e sugli altri reggimenti di cavalleria italiana* (Florence, 1893).

Reggimento lancieri di Montebello: centenario 1859–1959 (Rome, 1959).

Il reggimento lancieri di Firenze (9°): nono numerico illustrato di Quinto Cenni (Milan, 1900).

Quinto Cenni, *Il reggimento Cavalleggeri Saluzzo (12°) in occasione del 1° centenario del regimmento* (Milan, 1898).

I cavalleggeri di Alessandria, 1850–1917 (Lucca, 1917).

Alessandro Gasparinetti, *Gli "Ussuri di Piacenza"* (Modena, [1974]).

Warmondo Barattieri di San Pietro, *Nel cinquantesimo anniversario della fondazione del reggimento cavalleggeri Guide (19°), 1860–1910: memorie storiche del reggimento* (Turin, 1910).

Artillery
Caricat! Volòire: 150 anni di artiglieria a cavallo (Milan, no date).

Carlo Montù et al., *Storia della artiglieria italiana* (16 volumes, Rome, 1935–55). [Volume 5 covers 1866.]

Cenni storici sul reggimento artiglieria da montagna (Turin, 1905).

Orazio Dogliotti, *Relazione sul operazioni dell' artiglieria addetta al corpo dei volontari italiane nella campagna del Tirolo 1866* (Turin, 1893).

Pietro Romagnoli, *Reggimento d'artiglieria a cavallo: [memorie storiche] 30 maggio 1848-1895* (1st edition, Milan, 1901; second edition, Milan, 1904).

Technical and miscellaneous formations
[Ettore Bertolè-Viale], *Relazione summaria sull' andamento del servizio delle sussistenze militari presso l'esercito mobilizato durante la campagna di guerra di 1866* ([Florence], 1866).

Francesco Cortese, *Relazione della campagna del 1866, riguardanto lo stato sanitario dell' esercito* (Venice, 1867).

Vittorio Del Giudice and Alberto Silvestri, *Il corpo veterinario militare: storia e uniformi* (Bologna, 1984).

F. L. Rogier, *La reale accademia militare di Torino: iconografica di generale che furono allievi dell'accademia dal 1816 al 1870* (Turin, 1906).

C. A. Morelli Di Popolo, *La scuola di cavalleria di Pinerolo* (Pinerolo, 1980).

Giovanni Cadolini, *Il quarto reggimento dei volontari ed il corpo d'operazione in Valcamonica nella campagna del 1866* (Florence, 1867).

———, *Ancora della marcia del 4° reggimento nel Trentino* (Rovereto, 1911).

Vittorio Adami, *Le guardie nazionali valtellinisi alla difesa dello Stelvio nel 1866* (Milan, 1916).

Aristide Cenni, *Giornale dell operazione di guerra eseguito dalla legione di guardia nazionale mobile e difeso dello Stelvio e Tonale nella campagna del 1866* (Turin, 1868).

Ottone Brentari, *Il 2° battaglione bersaglieri volontari di Garibaldi nella campagna del 1866* (Milan, 1908).

Eugenio Di Rossi, *Il telegrafo da campo presso il corpo dei volontari nella campagna del 1866* (no place, 1902).

Limburg
W——— Staring, "Das limburgische Kontingent des deutschen Bundesheeres," *Mittheilungen zur Geschichte der militärischen Tracht*, edited by Richard Knötel (17 volumes, Rathenow, 1892–1912), 5 (1894): 17–19.

Lippe-Detmold
L——— Hölzermann, *Der Antheil des Bataillons Lippe an der Feldzuge der Main-Armee im Sommer 1866* (Lemgo, 1867).

The Mecklenburgs
Rangliste der grossherzogl. Mecklenburg-Schwerin'schen Offiziere (Wismar, 1865).

H. U. Kleubke, *Kleine Militärgeschichte Mecklenburgs* (Schwerin, 1995).

[Rudolph] Freiherr von Langermann und Erlencamp and [W. E. P. K.] von Voigts-Rhetz, *Geschichte des großherzoglich mecklenburgisches Grenadier-Regiments Nr.89* (Schwerin, 1895). [Grenadier Guards and 1st Infantry.]

[Paul] von Wrochem and [Oskar] Haevernick, *Geschichte des grossherzoglich mecklenburgischen Füsilier-Regiments Nr.90 1788–1888* (1st edition, Berlin, 1888. A second edition, Berlin, 1907, changes title to … *1788–1906*.) [2nd and 3rd Infantry.]

[L. R.] Freiherr von Langermann-Erlencamp, *Geschichte des grossherzoglich mecklenburgischen Jäger-Bataillons Nr.14 vom 1. Juni 1821 bis 1. Juni 1881* (Schwerin, 1881).

A. F. Freiherr von Rodde, *Geschichte des 1. grossherzoglich mecklenburgischen Dragoner-Regiments Nr.17. 1819–1909* (2 volumes, Schwerin, 1910). [volume 1 covers 1819–66.]

[L. H.] von Ondarza, *1813-1913. Geschichte des grossherzoglich mecklenburgischen Artillerie* (Leipzig, 1913).

Nassau
R[ichard] Kolb, *Unter Nassaus Fahnen. Geschichte des herzoglich nassauischen Offizierkorps 1803-1866* (Wiesbaden, 1903).

Walter Rosenwald, *Die herzoglich nassauische Brigade im Feldzug 1866* (Taunusstein, 1983).

Alfred von Roeßler, *Geschichte des königlich preußischen 1. nassauischen Infanterie-Regiments Nr.87 und seines Stammes, des herzoglich nassauischen 1. Infanterie-Regiments. 1809–1874* (1st edition, Berlin, 1882).

[Wilhelm] Isenbart, *Geschichte des 2. nassauischen Infanterie-Regiments Nr.88* (2 parts in 1, Berlin, 1903). [Part 1 covers 1803–66.]

Wilhelm Has et al., *Geschichte des 1. kurhessischen Feldartillerie-Regiments Nr.11 und seiner Stammtruppen* (Marburg, 1913).

Geschichte des hessischen Pionier-Bataillons Nr.11 (Berlin, 1895).

Oldenburg
Personal-Chronik der oldenburgischen Offiziere und Militär-Beamten von 1775–1867 (Oldenburg, 1867).

[Eduard] von Finckh, *Geschichte des oldenburgischen Infanterie-Regiments Nr.91, vormals großherzoglich oldenburgischen Infanterie-Regiments, von seiner Errichtung bis zur Gegenwart (1813–1880)* (Berlin, 1881).

[G. F. M. G. E.] von Schweppe, *Geschichte des oldenburgischen Dragoner-Regiments Nr.19 ehemalig großherzoglich oldenburgischen Reiter-Regiments* (1st edition, Berlin, 1878; 2nd edition, adding [Julius] Freiherr von und zu Egloffstein, is Oldenburg, 1899).

[Karl] von Stumpff, *Geschichte des grossherzogl. oldenburgischen Artillerie-Korps u. der Teilnahme seiner ehemaligen Batterien an dem Feldzuge gegen Frankreich 1870/71* (Oldenburg, [1905]).

Prussia
General works
Prussia, War Ministry, *Rang- und Quartierliste der königlich preußischen Armee und Marine für die Jahr 1866* (Berlin, 1866). [The army and navy list.]

[Georg] Alt, *Das königlich preußische stehende Heer ...* (2 volumes, Berlin, 1869–70). [Volume 1 covers infantry and light infantry; volume 2 cuirassiers and dragoons. See also the separate listing for the cavalry volume in that section.]

Heinrich Beitzke, *Das preussische Heer vor und nach der Reorganisation, seine Stärke und Zusammensetzung im Krieg 1866* (Berlin, 1866).

P. P. E. Günther, *Die Verluste der Regimenter der kgl. preussischen Armee am Ost- und Westpreussen im Feldzug vom Jahre 1866* (Hamburg, 1978).

Curt Jany, *Geschichte der preußischen Armee* (4 volumes, Berlin, 1928–33; reprinted Osnabrück, 1971). [One of the base works. Volume 4 covers 1807–1914.]

Bogislaw von Kleist, *Die Generale der königlichen preußischen Armee von 1840–1890* … (3 volumes, 1st edition, Hanover and Leipzig, 1891–95; 2nd edition, Leipzig, 1894–95).

Die königliche preussische Armee in ihrer neuesten Organisation … (Berlin, 1865).

Ferdinand Baron von Lüdinghausen gen. Wolf, *Organisation und Dienst der königlich preussischen Kriegsmacht* (Berlin, 1865). [Various editions of this highly useful and informative work appeared; this one is the closest to 1866.]

Alexander von Lyncker, *Die preußische Armee 1807–1867 und ihre sippenkundlichen Quellen* (Berlin, 1939). [On genealogical sources.]

P. A. von Naranovich, *Das Sanitätswesen in der preußischen Armee während des Krieges im Sommer 1866* (Berlin, 1866).

Notizen über die preussische Armee (Vienna, 1866).

Ottomar Freiherr von der Osten-Sacken und bei Rhein, *Preußens Heer von seinen Anfängen bis zur Gegenwart* (3 volumes, Berlin, 1911–14). [Volume 3 covers 1859/60–1914.]

Prussia, Royal Statistical Bureau, *Die Verluste der königlich preußischen Armee an Offiziere und Mannschaften, Aerzte und Krankenträgern während des Feldzuges 1866* (Berlin, 1866).

W—— Stavenhagen, *Über der preussischen Infanterie im Jahre 1866* (Vienna, 1904).

F. W. Varchmin, *Helden-Tafel. Nekrolog der in die Feldzügen von 1866 gefallenen Offiziere* (Erfurt, 1870).

M. A. Wellauer, *German casualties of the Seven Weeks' War (1866) and the Franco-Prussian War (1870–1871)* (Milwaukee, WI, 1986). [Very misleading title; covers only a miniscule fraction of the topic.]

Large formations
R[udolf] Bröcker, *Erinnerungen an die Thätigkeit der 11. Infanterie-Division und ihrer Artillerie während des Feldzuges 1866* (Berlin, 1867).

—— Chevalier, *Die Elb-Armee im Feldzuge 1866* (Breslau, 1869).

[H. F.] von Kirchbach, *Die Teilnahme des 5. Armee-Corps an den kriegerischen Ereignissen gegen Österreich 1866 in den Tagen von 27. Juni bis 3. Juli 1866, speziell der 10. Infanterie-Division* (Berlin, 1868).

P—— von Probst, *Aus dem Kriegesleben 1866. Mit besonderen Bezug auf die preussischen 19. Brigade* (Berlin, 1868).

W[ilhelm] von Scherff, *Die Division von Beyer in Main-Feldzuge 1866* (Berlin, 1899).

Die Theilnahme des Pommerschen (II.) Armee-Corps an dem Feldzuge von 1866 (Stettin, 1866).

[J. A. F. W. Verdy du Vernois], *Die Theilnahme der II. Armee under der Ober-Commando Seiner Königlichen Hoheit des Kronprinzen von Preussen am Feldzuge von 1866* (1st–2nd editions, Berlin, 1866).

Die Verhältnisse beim Detachment des Gen.-Maj. Graf Stolberg bis zum Gefecht von Oswiecim (Berlin, 1867).

Infantry and rifles

Gustav von Kessel, *Geschichte des königlich preussischen 1. Garde-Regiments zu Fuß 1857–1871* (Berlin, 1881).

Otto Freiherr von Lüdinghausen gen. Wolff, *Geschichte des königlich preußischen 2. Garde-Regiments zu Fuß 1813–1882* (1st edition, Berlin, 1882; 2nd edition, changing title to … *1813–1892*, is Berlin, 1892).

[Alexander] von Pape, *Das zweite Garde-Regiments zu Fuß in dem Feldzuge des Jahres 1866* (Berlin, 1868). [Men's edition.]

Hugo [M. G.] von Kathen et al., *Das 3. Garde-Regiment zu Fuß 1860–1890* (Berlin, 1891).

[Bogislaw] von Bagensky, *Geschichte des königlich preußischen 4. Garde-Regiments zu Fuß 1860–1904* (Berlin, 1904). [Men's edition.] [Germany]

A[dolf] von Kries, *Geschichte des Kaiser Alexander Garde-Grenadier-Regiments Nr.1* (1st edition, Berlin, 1889; 2nd edition, adding W[ilhelm] von Renthe gen. Fink, is Berlin, 1904).

[F. W. E. E.] von Rieben and J. [E. A.] von Goertze, *Geschichte des königlich preußischen Kaiser Franz Garde-Grenadier-Regiments Nr.2* (3 volumes, Berlin, 1914) [Volume 1 covers 1808–66.]

[Konstantin] von Altrock, *Geschichte des Kaiserin Elisabeth Garde-Grenadier-Regiments Nr.3. Von seiner Stiftung 1859 bis zum Jahre 1896* (Berlin, 1897).

[Maximilian] von Braumüller, *Geschichte des Königin Augusta Garde-Grenadier-Regiments Nr.4* (1st edition, Berlin, 1901; 2nd edition, Berlin, 1907).

[F. J. L. C.] von der Mülbe, *Das Garde-Füsilier-Regiment* (1st edition, Berlin, 1876; 2nd edition, Berlin, 1901).

[Johannes] Galandi, *Geschichte des königlich preußischen ersten ostpreußischen Grenadier-Regiments Nr.1 Kronprinz. 1855–1869* (Berlin, 1869).

[Bogislaw] von Bagensky, *Regiments-Buch des Grenadier-Regiments König Friedrich Wilhelm IV. (1. pommerschen) Nr.2 von 1679–1891* (Berlin, 1892).

[J. F. G.] Becker and E[rnst] Pauly, *Geschichte des 2. ostpreußischen Grenadier-Regiments Nr.3* (2 volumes in 1, Berlin, 1885). [Volume 2 covers 1800–85.]

Conrad Hoffman, *Geschichte des königlich preußischen Grenadier-Regiments Graf Kleist von Nollendorf (1. westpreußischen) Nr.6* (2 volumes, Berlin, 1903). [Volume 2 covers 1857–1903.]

[Karl] von Lewinski and [Viktor] von Brauchitsch, *Geschichte des Grenadier-Regiments König Wilhelm I (2. westpreussisches) Nr.7* (2 volumes, Glogau, 1897). [Volume 1 covers the campaign, volume 2 is appendices.]

[Wilhelm] Liechtenstein, *Geschichte des königlich preußischen Leib-Grenadier-Regiments (1. brandenburgischen) Nr.8. 1859–1882* (Berlin, 1883).

[Eugen] Petermann, *Geschichte des colbergschen Grenadier-Regiments Graf Gneisenau (2. pommersches) Nr.9. 1842 bis 1889* (Berlin, 1889).

[G. W.] von Ebertz, *Kurze Geschichte des Grenadier-Regiments König Friedrich Wilhelm III (1. schlesisches) Nr.10* (Berlin, 1896).

[the same], *Hundertjährige Geschichte des Grenadier-Regiments König Friedrich III (2. schlesisches) Nr.11. 1808–1908* (Stuttgart, [1908]).

P—— von Wiese, *Das 2. Schlesische Grenadier-Regiment Nr.11 im Main-Feldzuge* (1st edition, Berlin, 1870; 2nd edition, Berlin, 1872). [Germany]

[Hugo] von Müller, *Geschichte des Grenadier-Regiments Prinz Carl von Preußen (2. brandenburgischen) Nr.12. 1813–1875* (1st edition, Berlin, 1875).

[K. W. H.] von Blume, *Geschichte des Infanterie-Regiments Herwarth von Bittenfeld (1. westfälisches) Nr.13 im 19. Jahrhundert* (1st edition, Berlin, 1902; 2nd edition, Berlin, 1910). [Germany]

F—— von T[abouillet], *Die Dreizehner in Feindesland. Kriegsbilder aus dem Feldzuge des Jahres 1866* (Münster, 1867).

[Hugo] von Krafft, *Geschichte des Infanterie-Regiments Graf Schwerin (3. pommersches) Nr.14 bis zur Beginne des Jahres 1900* (Berlin, 1901).

[Karl] von Dambrowski, *Neuer Geschichte des Infanterie-Regiments Prinz Friedrich der Niederlande (2. westfälisches) Nr.15 nebst einem Abriß aus der Vorgeschichte des Regiments* (Hanover, 1878). [Germany]

A. E. von Krieg, *Kriegs-Tagebuch des 2. westfälischen Infanterie-Regiments aus dem Feldzuge der Main-Armee 1866* (Minden, 1867).

[—— Schultze], *Geschichte des 3. westfälisches Infanterie-Regiments Nr.16* (Berlin, 1880).

B[ernhard] Morsbach, *Geschichte des königlich preußischen 4. westfälischen Infanterie-Regiments Nr.17 vom Jahre 1853 bis zum Jahre 1870. Mit besonderer Berücksichtigung des Feldzuges von 1866* (Berlin, 1870).

[Fritz] Kadgiehn, *Geschichte des königlich preussischen Infanterie-Regiments von Grolman (1. posenchen) Nr.18* (2 volumes, Berlin, 1913). [Volume 1, the only one to appear, covers 1866.]

[Maximilian] Tscherny, *Geschichte des Infanterie-Regiments von Courbière (2. posenchen) Nr. 19. 1813–1913* (Berlin, 1913). [Germany]

[G. H.] Kirchoff and [Robert] Brandenburg, *Das 3. brandenburgischen Infanterie-Regiments Nr.20 in den Feldzügen 1866 und 1870/71* (Berlin, 1881). [Germany]

[Gustav] Schreiber, *Geschichte des Infanterie-Regiments von Borcke (4. pommerschen) Nr.21. 1813 bis 1889* (Berlin, 1889).

Geschichte des 1. oberschlesisches Infanterie-Regiments Nr.22 von seiner Gründung bis zur Gegenwart (Berlin, 1884).

A—— von Trochin and M—— Naumann, *Geschichte des Infanterie-Regiments von Winterfeldt (2. oberschlesisches) Nr.23* (Berlin, 1913).

Paul Becher et al., *Geschichte des Infanterie-Regiments Großherzog Friedrich Franz II. von Mecklenburg-Schwerin (4. brandenburgisches) Nr.24* (4 parts in 2 volumes, Berlin, 1908). [Volume 1, part 2, covers 1838–69.]

H[ermann] von Fransecky and [Otto] Dietlein, *Geschichte des Infanterie-Regiments von Lützow (1. rheinisches) Nr.25 von 1857 bis 1889* (Berlin, 1889). [Germany]

A—— Krahmer, *Der Antheil des 1. rheinischen Infanterie-Regiments Nr.25 an dem Feldzuge der Main-Armee 1866* (Hadersleben, [1868]). [Germany]

—— Fritsch, *Der Antheil des 1. magdeburgischen Infanterie-Regiments Nr.26 in der Kampagne gegen Oesterreich* (Magdeburg, 1867).

[Bruno] von Stuckrad, *Geschichte des 1. magdeburgischen Infanterie-Regiments Nr.26* (2 volumes, Berlin, 1888). [volume 2 covers 1863–88.]

Kreuzwendedich [H. G.] von dem Borne, *Geschichte des Infanterie-Regiments Prinz Louis Ferdinand von Preußen (2. magdeburgischen) Nr.27, 1815–1895 und seiner Stammtruppentheile* (Berlin, 1896).

Franz von Zychlinski, *Der Antheil des 2. magdeburgischen Infanterie-Regiments Nr.27 an dem Gefechte bei Münchengrätz, 28. Juni 1866 und an der Schlacht bei Königgrätz, 3. Juli 1866* (Halle am Saale, 1866).

[Wilhelm] Neff, *Geschichte des Infanterie-Regiments von Goeben (2. rheinischen) Nr.28* (Berlin, 1890).

[Richard] Wellmann, *Geschichte des Infanterie-Regiments von Horn (3. rheinisches) Nr.29* (Trier, 1894).

[Otto] Paulitzky and [Axel] von Woedtke, *Geschichte des 4. rheinisches Infanterie-Regiments Nr.30. 1815 bis 1884* (Berlin, 1884). [Germany]

[Johannes] Bötticher, *Theilnahme des 1. thüringischen Infanterie-Regiments Nr.31 am Kriege gegen Österreich im Jahre 1866* (Berlin, 1881).

Max Gottschalck, *Geschichte des 1. thüringisches Infanterie-Regiments Nr.31. 1812–1894* (Berlin, 1894).

E[rnst] von Türcke, *Geschichte des 2. thüringischen Infanterie-Regiments Nr.32 von seiner Gründung an* (Berlin, 1890). [Germany]

[Richard] Lehfeldt, *Geschichte des ostpreußischen Füsilier-Regiments Nr.33* (Berlin, 1877).

[Hugo] Thieme, *Geschichte des pommerschen Füsilier-Regiments Nr.34 …* (Berlin, 1879).

[F. F. A.] Isenburg and F. [W. J.] Taeglichsbeck, *Füsilier-Regiment Prinz Heinrich von Preussen (brandenburgisches) Nr.35* (Berlin, 1910).

[Reinhold] Dalitz, *Das magdeburgischen Füsilier-Regiment Nr.36 seit seiner Einstehung bis zum Jahre 1886* (1st edition, Berlin, 1886; 2nd edition, Berlin, 1895). [Germany]

J[ohannes] von Reibnitz, *Mittheilungen aus den ersten fünfzig Jahren des westfälischen Füsilier-Regiments Nr.37* (Berlin, 1870).

Antheil

des 2. Magdeburg. Infant.-Regim. № 27.

an dem

Gefecht bei Münchengrätz

am 28. Juni 1866

und

an der

Schlacht von Königgrätz

am 3. Juli 1866.

Aus dem Briefe an einen Freund

von

Franz von Zychlinski,

Oberst und Kommandeur.

~~~~~~

Für den Frauen- und Jungfrauen-Verein in Halle a/S.
zur Pflege im Felde verwundeter und erkrankter Krieger.

Halle.

Verlag von Julius Fricke.

1866.

Title page to the Prussian 27th Infantry Regiment's account of its Campaign in Bohemia 1866, one of a number of such campaign records which are both invaluable and exceedingly rare (Collection of Duncan Rogers)

G[eorg] Dreising, *Geschichte des Füsilier-Regiments General-Feldmarschall Graf Moltke (schlesisches) Nr.38* (Berlin, 1897).

W[ilhelm] Rintelen, *Geschichte des niederrheinischen Füsilier-Regiments Nr.39 während der ersten 75 Jahre seines Bestehens. 1818–1893* (1st edition, Berlin, 1893; 2nd edition, Berlin, 1911, changing title to … *1818–1911*). [Germany]

[Paul] Liebeskind, *Geschichte des Füsilier-Regiments Fürst Karl Anton von Hohenzollern (hohenzollernsches) Nr.40* (1st edition, Berlin, 1896; 2nd edition, Berlin, 1899).

W—— von Schimrigk, *Das Infanterie-Regiment von Boyen (5. ostpreußisches) Nr.41* (Berlin, 1910).

[Paul] Eickhoff, *Geschichte des Infanterie-Regiments Prinz Moritz von Anhalt-Dessau (5. pommerschen) Nr.42 vom Tage seiner Gründung bis zum Jahre 1900* (1st edition, Berlin, 1900; 2nd edition, Berlin, 1911, adds —— Arnold and changes title to … *Jahre 1911*).

—— von Romberg, *Die Theilnahme des königlich 5. pommerschen Infanterie-Regiments (Nr.42) an dem Feldzuge gegen Österreich und Sachsen 1866* (Stralsund, 1868).

E[duard] Sperling, *Geschichte des 6. ostpreussischen Infanterie-Regiments No.43* (Königsberg, 1874).

[Fritz] Erich and [Arthür] Toeppen, *Geschichte des Infanterie-Regiments Graf Dönhoff (7. ostpreußisches) Nr.44. 1860–1885* (1st edition, Berlin, 1885; 2nd edition, Berlin, 1905, changes title to … *1860–1905*).

Geschichte des 8. ostpreußischen Infanterie-Regiments Nr.45, 4. Juli 1860 bis 1. Janner 1894 (Dievenow, 1894).

—— Gürtler, *Geschichte des Infanterie-Regiments Graf Kirchbach (1. niederschlesisches) Nr.46. 1860–1910* (Berlin, 1910).

Wilhelm von Voß, *Das 2. niederschlesisches Infanterie-Regiment Nr.47. 1860 bis 1910* (Berlin, 1910).

[Viktor] Dallmer, *Geschichte des 5. brandenburgischen Infanterie-Regiments Nr.48* (1st edition, Berlin, 1886; 2nd edition, Berlin, 1887).

[Bruno] Rudolph and [Alfred] Seydel, *Geschichte des 6. pommerschen Infanterie-Regiments Nr.49 von der Gründung bis zum Jahr 1910* (Berlin, 1910).

[Albert] von Boguslawski, *Geschichte des 3. niederschlesischen Infanterie-Regiments Nr.50 von seiner Errichtung 1860 bis 1886* (Berlin, 1887).

[Hans] von Chorus, *Geschichte des 4. niederschlesischen Infanterie-Regiments Nr.51* (Brieg, 1892).

—— Schellwitz, *Antheil des 4. niederschlesischen Infanterie-Regiments Nr.51 an dem Feldzuge 1866* (Berlin, 1869).

Geschichte des Infanterie-Regiments von Alvensleben (6. brandenburgischen) Nr.52. 1860–1897, compiled by [Hellmuth] von Schwemmler and edited by [Hermann] Berkun (Berlin, [1897]).

A—— Cramer, *Die Theilnahme des 5. westfälischen Infanterie-Regiments Nr.53 am Feldzuge der Main-Armee 1866* (Wesel, 1869).

[W. R.] Richter, *Geschichte des 5. westfälischen Infanterie-Regiments Nr.53 während der ersten 25 Jahre seines Bestehens …* (Berlin, 1885). [Germany]

L[udwig] Burmester, *Geschichte des Infanterie-Regiments von der Goltz (7. pommerschen) Nr.54* (1st edition, Berlin, 1895; 2nd edition, Berlin, 1910).

[Otto] von Blomberg and [Stanislaus] von Leszczynski, *Geschichte des 6. westfälischen Infanterie-Regiments Nr.55 von seiner Errichtung bis zum 2. September 1877* (Detmold, 1877). [Germany]

Karl Wehrmann, *Das Infanterie-Regiment Vogel von Falckenstein (7. westfälisches) Nr.56 in den ersten 50 Jahren seines Bestehens* (Berlin, 1910).

[Richard] Feiber, *Geschichte des Infanterie-Regiments Herzog Ferdinand von Braunschweig (8. westfälischen) Nr.57* (1st edition, Berlin, 1901; 2nd edition, Berlin, 1909).

[—— von François], *Aus dem Feldzuge 1866 in Österreich. Zur Erinnerungen für das 3. posensche Infanterie-Regiments Nr.58* (Glogau, 1866).

Otto Hollmann et al., *Geschichte des Infanterie-Regiments Freiherr von Gaertringen (4. pos.) Nr.59* (Stuttgart, 1910). [Germany]

Erinnerungen des 7. brandenburgischen Infanterie-Regiments No.60 an die Feldzüge der Jahre 1864 u. 1866 (Berlin, 1869).

Paul Henning, *Geschichte des 8. pommerschen Infanterie-Regiments Nr.61* (1st edition, Berlin, 1887; 2nd edition, Berlin, 1888).

[Karl] Koeppel, *Geschichte des oberschlesischen Infanterie-Regiments Nr.63* (Berlin, 1885).

[Gustav] Gentz, *Geschichte des 8. brandenburgischen Infanterie-Regiments Nr.64 (Prinz Friedrich Karl von Preußen) von Errichtung des Regiments bis zum Jahre 1873* (1st edition, Berlin, 1878; 2nd edition, Berlin, 1897, adds [Karl] Vierow and changes title to … *Jahre 1897*).

F. T. J. Fiedler et al., *Geschichte des 8. rheinischen Infanterie-Regiments Nr.65* (Cologne, 1876).

Otto Boeters, *Geschichte des 3. magdeburgischen Infanterie-Regiments Nr.66* (Berlin, 1897).

[L. G.] von Sobbe, *Theilnahme des 3. magdeburgischen Infanterie-Regiments Nr.66 an der Schlacht bei Königgrätz* (Magdeburg, 1869).

H—— Leibeneier, *Theilnahme des 4. magdeburgischen Infanterie-Regiments Nr.67 an dem Feldzuge gegen Oesterreich 1866* (Quedlinburg, 1869).

Friedrich Bertkau, *Geschichte des 6. rheinischen Infanterie-Regiments Nr.68* (Koblenz, 1908).

J—— Blaenkner, *Die 69er bei Hünerwasser am 26. Juni 1866* (Berlin, 1868).

———, *Die 69er bei Kloster u. Münchengrätz am 28. Juni 1866* (Berlin, 1869).

———, *Die 69er bei Königgrätz am 3. Juli 1866* (Berlin, 1869).

———, *Die 69er von Wien bis Luxembourg im Jahre 1866* (Berlin, 1870).

[The above four works were assembled as *Die 69er im Feldzuge 1866* (Berlin, 1870).]

[Friedrich] Schütz, *Geschichte des 8. rheinischen Infanterie-Regiments Nr.70* … (Berlin, 1902). [Germany]

Maximilian von Loefen, *Geschichte des königlich 3. thüringischen Infanterie-Regiments Nr.71* (Berlin, 1883).

[J. E.] Fabricius, *Geschichte des 4. thüringischen Infanterie-Regiments Nr.72 in den Jahren 1860 bis 1878* (Berlin, 1879).

Geschichte des 4. thüring. Infanterie-Regiments Nr.72 im Jahre 1866 von Ausmarsch bis zur Heimkehr (Torgau, 1867).

[Dagobert] von Rentzell, *Geschichte des Garde-Jäger-Bataillons. 1808 bis 1888* (Berlin, 1888).

Alfred von Besser, *Geschichte des Garde-Schützen-Bataillons während der ersten 75 Jahre seines Bestehens* (1st edition, Berlin, 1889; 2nd edition, Berlin, 1898).

[Dagobert] von Rentzell, *Geschichte des ostpreußischen Jäger-Bataillons Nr.1 von seiner Errichtung bis zur Jetztzeit* (Berlin, 1882).

[Emil] Pflugradt, *Geschichte des pommerschen Jäger-Bataillons Nr.2 von seiner Errichtung im Jahre 1821 bis zum Jahre 1891* (Berlin, 1891).

Richard von der Lancken, *Geschichte des brandenburgischen Jäger-Bataillons Nr.3 von Errichtung des Bataillons bis zum Jahre 1891* (Berlin, 1890). [Men's edition.]

[Hermann] Model, *Geschichte des königlich preußischen magdeburgischen Jäger-Bataillons Nr.4* (Berlin, 1895).

[Felix] von Otto, *Geschichte des Jäger-Bataillons von Neumann (1. schlesisches) Nr.5 und seiner Stammtruppen* (Berlin, 1903).

————, *Geschichte des Jäger-Bataillons 2. schlesischen Nr.6 und seiner Stammtruppen* (Berlin, 1902).

[Georg] Rudorff, *Geschichte des westfälischen Jäger-Bataillons Nr.7 von seiner Errichtung bis zur Jetztzeit* (Berlin, 1897).

[Ludwig] Weber, *Geschichte des rheinischen Jäger-Bataillons Nr.8 von seiner Errichtung 1815 bis zum Jahre 1880* (Berlin, 1880).

[Siegfried] von Ziegner, *Geschichte des lauenburgischen Jäger-Bataillons Nr.9 (1866 bis 1897)* (Ratzeburg, 1897). [Germany]

Cavalry
General works

[Georg] Alt, *Geschichte der königl. Preußischen Kürassiere und Dragoner seit 1619 resp. 1631–1870* (Berlin, 1870; reprinted Krefeld, 1970).

L. [E. H.] von Besser, *Die preußische Cavallerie in der Campagne 1866* (Berlin, 1868).

G[erhard] von Pelet-Narbonne, *Geschichte der brandenburg-preußischen Reiterei von den Zeiten des großen Kurfürsten bis zur Gegenwart* (2 volumes in 1, 1st edition, Berlin, 1905; 2nd edition, Berlin, 1906; 3rd edition, Berlin, 1908; 1st edition reprinted Buchholz in der Nordheide, 1980). [Volume 2 covers the 1800s.]

Unit histories

Ferdinand Count von Brühl, *Übersicht der Geschichte des königlichen Regimentes der Garde du Corps von 1740 bis 1890* (Berlin, 1890; reprinted Bad Starnberg, 1985. A translation of the 1866 section is Solihull, 2000.)

H. [K.] von Rohr, *Geschichte des 1. Garde-Dragoner-Regiments* (Berlin, 1880).

[Andreas] von Hoverbeck gen. von Schoeinach, *Geschichte des 2. Garde-Dragoner-Regiments Kaiserin Alexandra von Rußland 1860–1902* (1st edition, Berlin, 1902; 2nd edition, Berlin, 1910, adds —— von Löbbecke and changes title to … *1860–1910*).

Hubert von Meyerinck, *Das königlich preußische Garde-Husaren-Regiment und seine Abstämmung. 1811–1869* (Potsdam, 1869).

A[ltwig] von Arenstorff, *75 Jahre des königlich 1. Garde-Ulanen-Regiments, 1819–1894* (Berlin, 1898).

[Luitpold] von Knebel-Doeberitz, *Die ersten 60 Jahre des 2. Garde-Ulanen-Regiments* (Berlin, 1882).

A[nton] von Krosigk, *Abriß der Geschichte des 3. Garde-Ulanen-Regiments 4. Juli 1860 bis 4. Juli 1885* (Potsdam, 1885).

A[ugust] von Cramon, *Geschichte des Leib-Kürassier-Regiments Großer Kurfürst (schlesisches) Nr.1 (1843–1893)* (Berlin, 1893).

Georg von Albedyll, *Geschichte des Kürassier-Regiments Königin (pommersches) Nr.2* (2 volumes in 1, Berlin, 1896–1904). [Volume 2 covers 1806–1903.]

[Max] Orlop, *Geschichte des Kürassier-Regiments Graf Wrangel (ostpreußisches) Nr.3 von 1717–1892* (Berlin, 1892).

Bernhard von Baurensprung, *Geschichte des westpreußischen Kürassier-Regiments Nr.5 von seiner Stiftung bis zur Gegenwart. 1717–1877* (Berlin, 1878).

[Bernhard] von Schmiterloew, *Geschichte des brandenburgischen Kürassier-Regiments (Kaiser Nikolaus I. von Rußland) Nr.6 von 1842 bis 1876* (Brandenburg an der Havel, 1876).

[Hermann] Hiller von Gaertringen and [Karl] von Schirmeister, *Geschichte des Kürassier-Regiments von Seydlitz (magdeburgisches) Nr.7* (Berlin, 1890).

—— von Rückforth, *Geschichte des Kürassier-Regiments Graf Gessler (rheinisches) Nr.8* (Berlin, 1910).

Erlebnisse des litthauischen Dragoner-Regiments Nr.1 … im Feldzuge von 1866 in Oesterreich (Berlin, 1869).

[O. A. J.] Kähler, *150 Jahren des königlich preußischen litthauischen Dragoner-Regiments Nr.1 seit seiner Errichtung am 1. Mai 1717 bis zur Gegenwart* (Berlin, 1867).

M. T. von Kraatz-Koschlau, *Geschichte des 1. brandenburgischen Dragoner-Regiments Nr.2* (Berlin, 1878).

E[duard] von Hagen, *Geschichte des neumärkischen Dragoner-Regiments Nr.3* (Berlin, 1885).

Hans von Krosigk, *Geschichte des 1. schlesischen Dragoner-Regiments Nr.4 von 1815– 1872* (Breslau, 1873).

Alfred Niemann, *Geschichte des Dragoner-Regiments Freiherr von Manteuffel (rheinisches) Nr.5* (Berlin, 1908). [Germany]

Bernhard Count von der Schulenburg[-Hehlen] and [Franz] Briesen, *Geschichte des magdeburgischen Dragoner-Regiments Nr.6* (Berlin, 1885). [Germany]

—— Morgenroth, *Geschichte des westfälischen Dragoner-Regiments Nr.7 von seiner Formierung im Jahre 1860 bis 1910* (Berlin, 1910).

Eugen von Rieben, *Geschichte des Dragoner-Regiments König Friedrich III. (2. schlesischen) Nr.8* (Berlin, 1909).

[August] Mackensen, *Schwarze Husaren. Geschichte des 1. Leib-Husaren-Regiments Nr.1 und das 2. Leib-Husaren-Regiments Kaiserin Nr.2* (2 volumes, Berlin, 1892). [Volume 1 covers 1st Hussars, volume 2 2nd Hussars.]

Armand von Ardenne, *Geschichte des Zieten'schen Husaren-Regiments* (Berlin, 1874). [3rd Hussars.]

Hans von Wechmar, *Braune Husaren. Geschichte des braunen Husaren-Regiments der friederizianischen Armee und des jetztigen Husaren-Regiments von Schill (1. schlesischen) Nr.4. 1807–1893* (2 parts in 1, Berlin, 1893). [part 2 covers 1807–93.]

Gerhard Pretzell, *Vincere aut mori! Geschichte des Blücher-Husaren-Regiments aus Anlaß des 150 jährigen Bestehens* (Berlin, 1909). [5th Hussars.]

Adolf von Dienes, *Das Königs-Husaren-Regiment (1. rheinischen) Nr.7 von der Formation des Stammregiments bis zur Gegenwart* (Berlin, 1876).

Geschichte des 1. westfälischen Husaren-Regiments Nr.8 (Berlin, 1882). [Germany]

[Klaus] von Bredow, *Geschichte des 2. rheinischen Husaren-Regiments Nr.9* (1st edition, Berlin, 1881; 2nd edition, Berlin, 1889). [Germany]

[L. E. H.] von Besser, *Das magdeburgische Husaren-Regiment Nr.10 in der Campagne des Jahres 1866* (Berlin, 1867).

[H. B. O. F.] Rohr, *Geschichte des magdeburgischen Husaren-Regiments Nr.10. 1813 bis 1913* (Berlin, 1913).

[Hans] von Eck, *Geschichte des 2. westfälischen Husaren-Regiments Nr.11 und seiner Stammtruppen von 1807–1893* (1st edition, Mainz, 1893; 2nd edition, Düsseldorf, 1904).

[Reinhart] von Westrem zum Gutsaker, *Geschichte des thüringischen Husaren-Regiments Nr.12 kurz dargestellt* (1st edition, Berlin, 1901; 2nd edition, Berlin, 1910).

Heinrich von Wickede and —— von Hennins, *Geschichte des Uhlanen-Regiments Kaiser Alexander III. von Rußland (westpreußisches) Nr.1 vom Jahre 1861 bis zur Gegenwart* (Berlin, 1912).

[Franz] Weißbrodt, *25 Jahren 1857–1882 des schlesischen Ulanen-Regiments Nr.2, als Fortsetzung der Regiments-Geschichte* (Berlin, 1884).

[Heinrich] Bothe and [Kurt] von Ebart, *Geschichte des Ulanen-Regiments Kaiser Alexander von Rußland (1. brandenburgischen) Nr.3 vom Jahre 1859–1879* (Berlin, 1879).

[Hans] von Bredau, *Geschichte des königlich preußischen Ulanen-Regiments von Schmidt (1. pommerschen) Nr.4. 1815 bis 1890* (Berlin, 1890).

Hans von Boehn, *Geschichte des westfälischen Ulanen-Regiments Nr.5* (Düsseldorf, 1890).

Heinrich Bothe et al., *Geschichte des thüringischen Ulanen-Regiments Nr.6 von 1813–1913* (Berlin, 1913).

[Karl] Epner and [Karl] Braun, *Geschichte des Ulanen-Regiments Großherzog Friedrich von Baden (rheinisches) Nr.7. 1734–1815–1902* (1st edition, Berlin, 1902; 2nd edition, Berlin, 1909, changes title to … *1815–1909*).

[Fritz] von Förster, *Geschichte des königlich preußischen Ulanen-Regiments Graf zu Dohna (ostpreußisches) Nr.8 von 1815 bis 1890* (Berlin, 1890).

[Oskar] Dreher, *Geschichte des 2. pommerschen Ulanen-Regiments Nr.9 von seiner Formation 1860–1885* … . (Berlin, 1885).

Das posensche Ulanen-Regiments Nr.10 von seiner Stiftung im Jahre 1860 bis zum 1. Januar 1883, compiled by [Gerard] de Graaff (Berlin, 1883).

[Karl] von Schöning, *Geschichte des 2. brandenburgischen Ulanen-Regiments Nr.11 von seiner Stiftung bis zum 1. Januar 1885* (Berlin, 1885).

[Franz] Weißbrodt, *Das litthauischen Ulanen-Regiments Nr.12 von der Formation bis zur Gegenwart* (Berlin, 1886).

Artillery
General works

[W.] H[.] [G.] Müller, *Die Entwickelung der Feldartillerie in Bezug auf Material, Organisation und Taktik von 1815 bis 1892* (3 volumes, Berlin, 1893–94). [Despite its name, concentrates on Prussian artillery. Volume 1 covers organization, 1815–70.]

————, *Die Entwickelung der preußischen Festungs- und Belagerungsartillerie in Bezug auf Material, Organisation und Bildung von 1815-1875* (Berlin, 1876).

Unit histories

[F. W.] Beutner, *Die königlich preußische Garde-Artillerie insbesondere Geschichte des 1. Garde-Feld-Artillerie-Regiments und des 2. Garde-Feld-Artillerie-Regiments* (2 volumes in 1, Berlin, 1889). [Volume 1 covers 1808–end of 1866.]

K. K. A. E. F. Prince zu Hohenlohe-Ingelfingen, *Erinnerungen des Garde-Feld-Artillerie-Regiments an den Feldzug des Jahres 1866* (Berlin, 1868).

Th[eodor] von Troschke, *Geschichte des ostpreußischen Feldartillerie-Regiments Nr.1 …* (Berlin, 1872).

Ottomar Gallus, *Geschichte des 1. pommerschen Feld-Artillerie-Regiments Nr.2* (Berlin, 1897). [Men's edition.]

[Karl] von Stumpff, *Geschichte des Feldartillerie-Regiments General-Feldzugmeister (1. brandenburgisches) Nr.3* (Berlin, 1900).

[Paul] von Rogge, *Geschichte des Feldartillerie-Regiments Prinzregent Luitpold von Bayern (magdeburgischen) Nr.4* (Berlin, 1898).

[Johannes] Kaulfuß and [Max] Schönfeld, *Geschichte des Feldartillerie-Regiments von Podbielsky (1. niederschlesischen) Nr.5* (Berlin, 1890).

[Adolf] Count von Westarp, *Geschichte des Feldartillerie-Regiments von Peucker (1. schlesisches) Nr.6* (1st edition, Berlin, 1890; 2nd edition, Berlin, 1902).

[August] Hamm and [Kurt] Moewes, *Geschichte des 1. westfälischen Feldartillerie-Regiments Nr.7* (Berlin, 1891). [Germany]

—— Eltester and —— Schlee, *Geschichte der rheinischen Feldartillerie bis zu ihrer Teilung in vier Regimenter 1. Oktober 1899* (Berlin, 1910). [8th Artillery.]

Technical and miscellaneous formations
General works

Herman Frobenius, *Geschichte des preußischen Ingenieur- und Pionier-Korps von der Mitte des 19. Jahrhunderts bis zum Jahre 1886* (2 volumes, Berlin, 1906). [Volume 1 covers 1848–69.]

—— Hiller and —— Meurin, *Geschichte der preußischen Eisenbahntruppen* (2 parts, Berlin, 1910-13). [Part 1 covers 1859–71.]

[Martin] Kiesling, *Geschichte der Organisation und Bekleidung des Trains der königlich preußischen Armee. 1740 bis 1888* (Berlin, 1889).

A—— May, *Geschichte der Kriegstelegrafie in Preußen 1854–1871* (Berlin, 1875).

Unit histories

Geschichte des königlich preußischen Garde-Pionier-Bataillons (Berlin, 1910; reprinted Bad Honnef, 1994).

Geschichte des Pionier-Bataillons Fürst Radziwill (1. ostpreußischen) Nr.1, compiled by [Adolf] Günther (Stuttgart, 1910).

[Erich] Troschel, *Geschichte des pommerschen Pionier-Bataillons Nr.2* (1st edition, Berlin, 1888).

[Ernst] Wollmann, *Geschichte des brandenburgischen Pionier-Bataillons Nr.3* (Minden, 1888).

Wilhelm Heye, *Geschichte des magdeburgischen Pionier-Bataillons Nr.4* (Stuttgart, 1912).

Erwin Neumann, *Geschichte des niederschlesischen Pionier-Bataillons Nr.5 1813-1886* (Berlin, 1887).

[Adolf] Tursch, *Geschichte des schlesischen Pionier-Bataillons Nr.6* (Leipzig, 1904).

[J. O.] Olivier, *Geschichte des westfälischen Pionier-Bataillons Nr.7* (Berlin, 1888). [Germany]

—— Schüler, *Geschichte des rheinischen Pionier-Bataillons Nr.8* (Berlin, 1883). [Men's edition.]

Hermann Kaehne, *Geschichte des königlich preußischen Garde-Train-Bataillons* (Berlin, 1903).

[Erwin] Bondick, *Geschichte des ostpreußischen Train-Bataillons Nr.1, 1853 bis 1903* (Berlin, 1903).

[Guido] Matschenz, *Geschichte des pommerschen Train-Bataillons Nr.2* (Berlin, 1903).

[Wilhelm] Schreiber, *Geschichte des brandenburgischen Train-Bataillons Nr.3* (Berlin, 1903).

Hans Loebell, *Geschichte des magdeburgischen Train-Bataillons Nr.4* (Berlin, 1903).

[Rudolf] Perkowski, *Geschichte des niederschlesischen Train-Bataillons Nr.5* (Berlin, 1903).

Fritz Reichert, *Geschichte des schlesischen Train-Bataillons Nr.6* (Berlin, 1903).

[Karl] Ibing, *Geschichte des rheinischen Train-Bataillons Nr.8 in Ehrenbreitstein* (Berlin, 1905).

C—— Helmuth, *Die Theilnahme des Besatzungs-Bataillons Aschersleben an den 8tägige Feldzug gegen der hannoversches Armee-Corps im Juni 1866* (Aschersleben, 1869). [Germany]

Gerd Stolz, "Die Gendarmerie in Preussen 1812–1923," *Zeitschrift für Heereskunde* (West Berlin), 40 (1976): 148–59.

[Martin] Kiesling, *Organisation und Bekleidung der königlich preussischen Leib-Gendarmerie. 1820–1890* (Berlin, 1890).

Otto Heym, *Die Geschichte des Reitenden Feldjäger-Korps während der ersten 150 Jahre seines Bestehens. 1740–1890* (Berlin, 1890).

L[eo] von Pfannenberg, *Geschichte der Schloss-Garde-Kompanie seiner Majestät des Kaiser und König. 1829–1909* (Berlin, 1909).

Prussia, War Ministry, *Das königl. preußische Kriegsministerium 1809 • 1. März • 1909* (Berlin, 1909). [Includes an account of mobilization in 1866.]

G—— von P——, *Das Militär-Cabinet in Berlin. Seine Geschichte und seiner gegenwärtige Bedeutung* (Kolberg, 1898).

Wilhelm Siegert, *Geschichte des königlich preußisches Lehr-Infanterie-Bataillon. 1820 bis 1896 …* (2nd edition, Berlin, 1906).

L[ouis] von Scharfenort, *Das königlich preussische Kadettenkorps. 1859–1892* (Berlin, 1892).

————, *Die königliche preußische Kriegsakademie 1810–15. Oktober 1910* (Berlin, 1910).

—— Schellenberg, *Geschichte des Kriegschule Engers* (Berlin, 1913).

—— Hüger, *Geschichte des Kriegschule in Neisse nebst ein Abriß der Geschichte der Festung Neisse* (Berlin, 1910).

—— Nicolai, *Geschichte des Kriegschule Potsdam* (Berlin, 1904).

P—— Liechtenstein, *Die Central-Cadetten-Anstalt und die Entstehungs-Geschichte des Vorortes Gross-Lichtenfelde* (Berlin, 1890).

[Franz] Count von Haslingen, *Geschichte des Kadettenhauses in Potsdam* (1st edition, Berlin, 1906; 2nd edition, Berlin, 1907).

Theodor Breysig, *Das königliche Kadettenhaus zu Culm. 1776–1876* (Culm, 1876).

F—— Lindner, *Wahlstatt und seiner Kadetten-Haus* (Berlin, 1888).

—— von Kleist and —— Freiherr von Hammerstein, *Die Unteroffizier-Schule Biebrich* (Berlin, 1892).

[F. L.] von Versen, *Geschichte des Unteroffizierschule in Potsdam. 1824–1899* (Berlin, 1899).

—— Trip, *Die Unteroffizierschule in Weissenfels. Ein Fest-Schrift zur 25jährigen Jubelfeier am 1. Oktober 1896* (Berlin, 1896).

Theodor Wagner, *Die königlich preussische Infanterie-Schiessschule* (Berlin, 1900).

[Wilhelm] Nottenbaum, *100 Jahre Artillerie-Prufüngs-Kommission* (Berlin, 1909).

Hartmut Rudolph, *Das evangelische Militärkirchenwesen in Preussen … .* (Göttingen, 1973). [Covers 18th century–1914.]

[F——] Schickert, *Geschichte des militär-ärztlichen Bildungsanstalten* (Berlin, 1895).

[J. W.] Schütz, *Die tierärztliche Hochschule Berlin. 1790–1890* (Berlin, 1890).

Heinrich Pohl, *Die katholische Militärseelsorge Preussens 1797–1898* (Stuttgart, 1926, reprinted Amsterdam, 1962).

Andreas Kienast, *Die Legion Klapka. Eine Episode aus dem Jahr 1866 und ihr Vorgeschichte* (Vienna, 1900).

Saxe-Coburg-Gotha

Georg Lantz, *Geschichte der Stammtruppen des 6. thüringischen Infanterie-Regiments Nr.95 als deutsche Bundes-Kontingente von 1814–1867* (2 volumes in 1, Brunswick, 1898). [Volume 2 covers 1866.]

Gustav Thauß, *Das herzoglich Coburg-Gothaische Infanterie-Regiment in der Schlacht von Langensalza am 27.VI.1866* (Langensalza, 1899).

Saxe-Meiningen

Georg Lantz, *Geschichte der Stammtruppen des 6. thüringischen Infanterie-Regiments Nr.95 als deutsche Bundes-Kontingente von 1814–1867* (2 volumes in 1, Brunswick, 1898). [Volume 2 covers 1866.]

Saxe-Weimar

E[duard] von Heyne, *Geschichte des 5. thüringischen Infanterie-Regiments Nr.94 (Großherzog von Sachsen), vormaligen großherzoglich sächsischen Bundes-Contingentes und seiner Stämme* (Weimar, 1869).

Saxony
General works

Die königliche sächsische Armee im Feldzug 1866 (Leipzig, 1867).

Die Sachsen bei Königgrätz (Leipzig, 1866).

Saxony, War Ministry, *Rang-Liste der königliche sächsische Armee von den Jahre 1866* (Dresden, [1866]). [The army list.]

O[scar] Schuster and F. A. Francke, *Geschichte der sächsischen Armee von deren Errichtung bis auf die neueste Zeit* (3 volumes, Leipzig, 1885; reprinted Bad Starnberg, 1983). [Volume 3 covers to 1885.]

Infantry and rifles

H[ans] von S[chimpff], *Geschichte der beiden königlich sächsischen Grenadier-Regimenter: Erstes (Leib) Grenadier-Regiment Nr.100 und Zweites Grenadier-Regiment Nr.101 König Wilhelm, König von Preussen* (2nd edition, Dresden, 1877). [13th to 16th Infantry.]

Geschichte des königlich sächsischen 3. Infanterie-Regiments Nr.102 "Prinz-Regent Luitpold von Bayern" 1709–1909 (Berlin, 1909). [1st and 2nd Infantry.]

Carl Lommatzsch, *Geschichte des 4. Infanterie-Regiments Nr.103* (Dresden, 1909). [3rd and 4th Infantry.]

[Georg] Delling and [——] Kell, *Geschichte des königlich sächsischen 5. Infanterie-Regiments Kronprinz Nr.104. 1701–1909* (Chemnitz, 1910). [5th and 6th Infantry.]

[Johannes Anton Larraß], *Geschichte des königlich sächsischen 6. Infanterie-Regiments Nr.105 und seine Vorgeschichte. 1701–1887* (Leipzig, 1887). [7th and 8th Infantry.]

Georg von Schönberg, *Geschichte des königlich sächsischen 7. Infanterie-Regiments Prinz Georg Nr.106* (2 parts in 1, Leipzig, 1910). [part 2 covers 1807–72.] [9th and 10th Infantry.]

—— von Berger and Arndt von Kirchbach, *Geschichte des königl. sächs. Schützen-Regiments "Prinz Georg" Nr.108* (Leipzig, [1908]). [2nd and 4th Rifles.]

[C. F. L.] Freiherr von Hagen, *Geschichte des königl. sächsischen 1. Jäger-Bataillons Nr.12* (Freiberg in Sachsen, 1909). [1st Rifles.]

[Heinrich] von Einsiedel, *Das königliches sächsische Jäger-Bataillon Nr.13. 1809–1909* (1st–2nd editions, Leipzig, 1909). [3rd Rifles.]

Geschichte der sächsischen Jäger-Brigade und der daraus hervorgeganenede sächsische Schützen- (Füsilier-) Regiments Prinz Georg Nr.108 von 1859 bis 1871 (Dresden, 1875).

Cavalry
[Georg von Schimpff], *Geschichte des königlich sächsischen Garde-Reiter-Regiments (1680–1880)* (Dresden, 1880).

Ernst von Werlhof, *Geschichte des 1. Husaren-Regiments König Albert Nr.18* (Leipzig, [1909]). [1st Cavalry.]

M[oritz] von Sußmilch gen. Hörnig, *Geschichte des 2. königlich sächsischen Husaren-Regiments Kronprinz Friedrich Wilhelm des deutschen Reiches und von Preußen Nr.19* (Leipzig, 1882). [2nd Cavalry.]

[Wilhelm] Jahn, *Geschichte des königlich sächsischen Carabinier-Regiments vormaligen 3. Reiter-Regiments* (Berlin, 1899).

Artillery and miscellaneous formations
R. [H. A.] von Kretschmar, *Geschichte des kurfürstlich und königlich sächsischen Feld-Artillerie von ihrer Errichtung bis zur Gegenwart. 1620–1878* (2 volumes in 1, Berlin, 1876-79). [Volume 2 covers 1821–78.]

C[arl] Löblich, *Kurze Darstellung der Geschichte des königlich sächsischen Fußartillerie-Regiments Nr.12* (Metz, 1896). [Fortress section of the artillery regiment; men's edition.]

[F. W.] Hansch, *Geschichte des königlich sächsischen Ingenieur- und Pionier-Korps (Pionier-Bataillons Nr.12)* (Dresden, 1898).

Paul Siegel, *Geschichte des 1. Train-Bataillons Nr.12* (Dresden, 1910).

Heinrich Meschwitz, *Geschichte des königlich sächsischen Kadetten- und Pagen-Korps von dessen Begründung bis zur Gegenwart* (Dresden, 1907).

W—— Weise, *Geschichte des Soldatenknaben-Institutes zu Annaburg* (Annaburg, 1903).

Schwarzburg-Rudolstadt
Gustav Kalbe, "Das Füsilier-Bataillon Schwarzburg-Rudolstadt 1866," *Zeitschrift für Heereskunde* (West Berlin), 31 (1967): 2–5, 34–39, 62–66, 117–21.

Waldeck
[F. L.] Freiherr von Dalwigk zu Lichtenfels, *Geschichte der waldeckischen und kurhessischen Stammtruppen des Infanterie-Regiments von Wittich (3. kurhessisches) Nr.83. 1681–1866* (Oldenburg, 1909).

Württemberg
General works
Württemberg, War Ministry, *Militair-Handbuch des Königreichs Württemberg* (Stuttgart, 1865). [The army list; only 1865 appeared from this period.]

Edmund Jäger, *Das Militärwesen des Königreichs Württemberg, historisch, technisch und staatswissenshaftlich erläutet* (Stuttgart, 1869).

Paul Sauer, *Das württembergische Heer in der Zeit des deutschen und norddeutschen Bundes* (Stuttgart, 1958).

Infantry and rifles
Georg von Niethammer and Julius Seybold, *Geschichte des Grenadier-Regiments Königin Olga* (1st edition, Stuttgart, 1886; 3rd–4th editions, Stuttgart, 1897; 5th edition, Stuttgart, 1906).

Albert Pfister, *Das Infanterie-Regiment Kaiser Wilhelm, König von Preußen (2. württembergisches) Nr.120. Eine Soldatengeschichte aus drei Jahrhunderten* (Stuttgart, 1881).

Hugo Schempp et al., *Geschichte des 3. württembergischen Infanterie-Regiments Nr.121. 1716–1891* (Stuttgart, 1891).

Herbert Müller, *Geschichte des 4. württembergischen Infanterie-Regiments Nr.122 Kaiser Franz Joseph von Österreich, König von Ungarn* (Heilbronn, 1906).

[Hermann] Nübling, *Geschichte des Grenadier-Regiments König Karl (5. württembergischen) Nr.123* (Berlin, 1911).

[Ferdinand] Fromm, *Geschichte des Infanterie-Regiments König Wilhelm (6. württembergischen) Nr.124* (1st edition, Weingarten, 1901; 2nd edition, Ravensburg, 1910).

[Karl] Marx, *Geschichte des Infanterie-Regiments Kaiser Friedrich, König von Preußen (7. württembergischen) Nr.125* (Berlin, 1895).

[Theodor] von Watter, *Kurzer Abriß der Geschichte des 8. württembergischen Infanterie-Regiments Nr.126 Großherzog Friedrich von Baden* … . (Straßburg, 1891).

[Hugo] von C[ammerer], *Das königlich württembergische 2. Jäger-Bataillon im Frieden und im Krieg 1859–1871* (Stuttgart, 1897).

Karl Muff, *Das dritte württembergische Jäger-Bataillon—jetzt Füsilier-Bataillon des Grenadier-Regiments König Karl (5. württembergisches) Nr.123. Ein Erinnerungsblatt* (Tübingen, 1883).

Cavalry

Th[eodor] Griesinger, *Geschichte des Ulanenregiments "König Karl" (1. württembergisches) Nr.19 von seiner Grundung 1683 bis zur Gegenwart* (Stuttgart, 1883). [1st Cavalry.]

—— von Neubronner, *Geschichte des Dragoner-Regiments König Karl (2. württ.) Nr.26* (Stuttgart, [1905]). [2nd Cavalry.]

[W. G. P. J.] Gleich, *Die ersten 100 Jahre des Ulanen-Regiments König Wilhelm I (2. württemb.) Nr.20* (Stuttgart, [1909]). [3rd Cavalry.]

R[ichard] Starkloff, *Geschichte des königlich württembergischen vierten Reiter-Regiments Königin Olga. 1805–1866* … . (Stuttgart, 1867).

Artillery and miscellaneous formations

[K. L.] Geßler et al., *Geschichte des 2. württembergischen Feldartillerie-Regiments Nr.29 Prinzregent Luitpold von Bayern und seiner Stammtruppenteile* (Stuttgart, 1892).

Emil von Loeffler, *Geschichte des königlich württembergischen Pionier-Battalions Nr.13* (Ulm, 1883).

Paul Rittmeyer, *Geschichte des württembergischen Train-Bataillons Nr.13 und des Traindepots XIII (kgl. württ.) Armee-Korps* (Ludwigsburg, 1901).

Related titles published by Helion & Company

The Road to Königgrätz. Helmuth von Moltke and the Austro-Prussian War 1866
Quintin Barry
552pp   Hardback
ISBN 978-1-906033-37-8
A limited edition of 750 numbered &
signed copies

History of the Campaign of 1866 in Italy
Alexander Hold
152pp   Paperback
ISBN 978-1-906033-62-0

Forthcoming titles

The Contribution of the Royal Bavarian Army to the War of 1866
Bavarian General Staff   ISBN 978-1-906033-66-8

The Bavarian Army 1866
Stuart Sutherland (transl.)   ISBN 978-1-906033-65-1

The Organization of the German State Forces in 1866
Stuart Sutherland   ISBN 978-1-906033-68-2

HELION & COMPANY
26 Willow Road, Solihull, West Midlands B91 1UE, England
Telephone 0121 705 3393   Fax 0121 711 4075
Website: http://www.helion.co.uk